核心素养视域下
作业设计与实践

张月柱　肖宇轩◎主编

中国出版集团有限公司

世界图书出版公司
北京　广州　上海　西安

图书在版编目（CIP）数据

核心素养视域下作业设计与实践 / 张月柱 , 肖宇轩
主编 . -- 北京 : 世界图书出版有限公司北京分公司，
2024. 12. -- ISBN 978-7-5232 -2017 -7

Ⅰ. G632.0

中国国家版本馆 CIP 数据核字第 2025VJ3913 号

书　　名　核心素养视域下作业设计与实践
　　　　　HEXIN SUYANG SHIYU XIA ZUOYE SHEJI YU SHIJIAN

主　　编　张月柱　肖宇轩
总 策 划　吴　迪
责任编辑　刘梦娜
特约编辑　付春艳

出版发行　世界图书出版有限公司北京分公司
地　　址　北京市东城区朝内大街 137 号
邮　　编　100010
电　　话　010-64033507（总编室）　　0431-80787855　13894825720（售后）
网　　址　http://www.wpcbj.com.cn
邮　　箱　wpcbjst@vip.163.com
销　　售　新华书店及各大平台
印　　刷　长春市印尚印务有限公司
开　　本　787 mm×1092 mm　1/16
印　　张　13.25
字　　数　224 千字
版　　次　2024 年 12 月第 1 版
印　　次　2024 年 12 月第 1 次印刷
国际书号　ISBN 978-7-5232 -2017 -7
定　　价　45.00 元

编委会

目录
contents

专题一　基于课程标准，探寻作业本质　001

一、作业的内涵特征　002

二、作业的价值功能　008

三、作业设计的基本原则　014

四、作业设计的路径　019

五、作业实施的保障　026

专题二　创新作业类型，优化作业设计　033

一、单元作业　035

二、实践性作业　042

三、分层作业　064

四、主题作业　077

五、融合性作业　088

六、前置性作业　　　　　　　　　　098

七、长周期作业　　　　　　　　　　108

八、新常规作业　　　　　　　　　　117

专题三　探索作业改革，凝练实践经验　　125

筑基促提质　激趣增实效　　　　　127

核心素养导航　多元作业增效　　　135

立足作业细微处　书写育人大文章　141

颠覆学习方式　促进学科融合　　　148

"双减"背景下区域高质量作业管理体系的

建构　　　　　　　　　　　　　　152

聚焦作业管理与设计，推进区域教育教学

高质量发展　　　　　　　　　　　157

作业管理有规有矩，减负提质自成方圆　163

深度教研构建区域作业新样态　　　170

校内提质，减负增效　校外协同，助攻赋能　179

在学生的作业里，我们"看到"了什么　185

减负增效，做好作业加减法　　　　192

优化作业管理，夯实"双减"成果　　200

专题一

基于课程标准，探寻作业本质

一、作业的内涵特征

（一）古今中外作业内涵的演变

"作业"一词在我国最早出现于《管子·轻重丁》，"行令半岁，万民闻之，舍其作业，而为困京以藏菽粟五谷者过半"，此处的"作业"指"所从事的工作、业务"。《辞海》中"作业"一词的解释是："为完成生产、学习等方面的既定任务而进行的活动。"从以上阐述中可以看出，作业是一个很宽泛的概念，它主要是针对生产活动而言的。我国古代最早的一篇专门论述教育、教学问题的著作《学记》中提及"作业"，有如下阐述："时教必有正业，退息必有居学。不学操缦，不能安弦；不学博依，不能安《诗》。"其中，"正业"即正式的课程，"居学"则指学生休息时的课外作业，既包括学生在业余时间应该有广泛的兴趣和爱好，即指广义上的课程或作业，也包括对课堂教学的补充和延伸，即课外作业。

自 20 世纪 80 年代以来，我国出版的教育类工具书对作业的界定大多采用凯勒夫的作业观。20 世纪 80 年代开始编纂的《实用教育大辞典》把"作业"更为细致地划分为"课堂作业"和"课外作业"两大类：课堂作业是教师在上课时布置学生当堂进行操作的各种类型的练习；课外作业是"根据教师的要求，学生在课外独立进行的学习活动"。总体来说，作业是"为完成学习任务由学生独立从事的学习活动"，"是课堂学习的继续，常用来巩固、消化、理解或迁移"。《教育大辞典》中"家庭作业"是"根据教师要求，学生在课外时间独立进行的学习活动"。《教育部办公厅关于加强义务教育学校作业管理的通知》指出，"作业是学校教育教学管理工作的重要环节，是课堂教学活动的必要补充。"众多教育研究学者在对"作业"内涵的阐释中，都注重以生为本，发展学生能力，认为作业的"补充"应是课堂的自然延伸和深化，是教学中提升学生素质的关键一环。如黄伟在其论文中提出，作业是课堂教学的自然延伸和深化，既有知识内化、能力训练、思维优化、习惯养成的功能，更有自我教育的功能。作业是转知成智、积智成德中不可或缺的链环。吴欣歆在《核心素养背景下作业发展功能的实现》中提到，作业是为完成学习方面的既定任务而进行的活动，能够帮助学生巩固学习内容，掌握学习方法，养成学习习惯，提高思维品质，具有促进学生核心素养发展的功能。

由此可见，我国课程改革的不同时期，对作业的内涵认识有所不同：从"知识操练"，到"心智训练"，再到"自我探究"，作业的内涵认识体现了育人观的发展与进步。

在国外，作业，原指工人在下班之后、工厂外要完成的工作任务（Walberg & Paschal，1995）。"作业"一词在教育领域中最早出现在德国的学校。赫尔巴特在《普通教育学》中提倡教师在课堂上用更多时间进行教学，学生在课后运用和实践所学知识，家庭作业因而成了课内学习的延续。

近代，国内外一些作业研究人员所界定的作业内涵逐步趋同。如2006年美国杜克大学的库珀等研究人员将作业的概念内涵修改为：由学校教师布置的在非教学时间完成的任务。这次修正主要明确了作业的两个基本特征：一是作业的设计者主要来自学校、教师；二是只要是"非教学时间"完成的任务都是作业，不仅限于在家庭中完成的作业。

因此，作业是学生在学习目标以及教师的教学引导下自主完成的学习任务，是巩固课堂知识、提升核心素养的必要途径。

（二）核心素养视域下的作业内涵

《义务教育课程方案（2022年版）》明确提出了"聚焦核心素养，面向未来"这一基本原则。一方面，从课程实施的视角来看，作业必然需要关注核心素养的培育。课程实施视角下的作业不再仅仅是课堂教学的补充和延续，而是与课程和教学紧密相连、不可分割的核心素养实现路径。从作业与课程的关系来看，作业宛如贯穿课程实施全程的一条清晰脉络，是助力学生在课程实施过程中实现心智成长的坚实"脚手架"。从作业与教学的关系来看，作业绝非教学的简单补充，而是基于课程设计和目标达成，与教学过程深度耦合的一系列学习任务。另一方面，核心素养犹如熠熠生辉的价值明珠，是学生在积极的实践活动中辛勤积累、精心建构，并在真实的语言运用情境中展现的。核心素养的达成与提高，不单要依赖课堂教学，还必然要把作业当作主要的途径，将学生作为主体，提倡积极实践、独立思考以及创造。在核心素养视域下，作业的内涵发生了深刻的转变。作业不再仅仅是知识的机械重复与巩固，而成为学生自主探究、合作交流和创新实践的平台。它是学生深化知识理解、提升思维能力的重要途径，通过解决实际问题，培养学生运用所学知识解决复杂情境中问题的能力。

本次课程标准修订在课程内容上的创新突出了学科大观念，在教学活动上的亮点则是强调"学科实践"。"加强课程与生产劳动、社会实践的结合，充分发挥实践的独特育人功能。突出学科思想方法和探究方式的学习，加强知行合一、学思结合，倡导'做中学''用中学''创中学'。"我国基础教育新课程方案提出"强化学科实践"，强调学生在真实情境中运用所学知识解决实际问题，培养学生的实践能力和创新精神。而作业作为教学过程的延伸和补充，是学生巩固知识、提升能力的重要途径。因此，核心素养视域下的作业应该以"强化学科实践"为背景，成为连接知识与生活的桥梁。

"把握作业育人功能。……在课堂教学提质增效基础上，切实发挥好作业育人功能，布置科学合理有效作业，帮助学生巩固知识、形成能力、培养习惯，帮助教师检测教学效果、精准分析学情、改进教学方法，促进学校完善教学管理、开展科学评价、提高教育质量。"这是教育部办公厅发布的《关于加强义务教育学校作业管理的通知》，明确指出要把握作业育人功能，并阐述了作业对于学生的作用，包括巩固知识、形成能力和培养习惯。这三个方面层层递进，从对所学内容的温习强化，到能力的塑造，再到良好习惯的养成，全面概括了作业对学生发展的积极影响。接着提到作业对教师的价值，即能够帮助教师检测教学效果、精准分析学情、改进教学方法。这体现了作业不仅是学生学习的环节，也是教师教学反馈和改进的重要依据，有助于教师提升教学质量。最后，说明了作业对学校的意义，即促进学校完善教学管理、开展科学评价，从而提高教育质量。将作业的作用从学生和教师个体层面上升到学校整体的培育层面，强调了其对于学校教育系统优化的推动作用。

（三）作业设计的理论基础

从作业的内涵来看，作业应该是一项以学生为主体所进行的创造性活动。作业的设计，应立足学生发展规律与特点，融入对学生必备品格和关键能力的培育，注重作业的探究性与创造性。作业设计从"落实知识"走向"生活运用"，从"群像教育"走向"个性教育"。

如何进行作业设计？作业设计有哪些理论基础做支撑？作业设计的理论基础涵盖了多个学科和多种教育理念。如"建构主义学习理论"强调，学习者在已有知识和经验的基础上，通过与环境的互动主动构建知识。作业设计应提供情境和任务，促使学生积极参与，构建自己的理解。"最近发展区理论"主张教学应着眼于学生的现有水平和潜在发展水平之间的差距，因此，作业难度应处于学生的"最近发展区"，既不过于简单让学生失去挑战，也不过于困难使学生产生挫败感。"认知负荷理论"关注工作记忆在处理信息时的有限容量，提出作业设计应避免过高的认知负荷，合理安排任务的复杂性和信息呈现方式，以提高学习效果。"情境认知理论"认为学习是在具体情境中发生的，知识与情境相互依存，作业应创设真实或接近真实的情境，让学生在情境中运用知识，提高解决实际问题的能力。"多元智能理论"则认为人类具有多种智能类型，如语言智能、逻辑数学智能、空间智能、身体运动智能、音乐智能、人际智能、内省智能等。作业设计应多样化，以适应不同学生的智能优势，从而激发其潜力。

（四）核心素养视域下作业设计内容与特征

核心素养视域下的作业设计要以关注核心素养的培养为要义。作业串联起教师教学、学生学习的整体活动，在完成作业的过程中，学生亦是完成了知识汲取、技能巩固、素养提升的过程，更有利于教师检测、评估以及反馈学生学习效果。从实际操作层面来看，作业可以成为师生之间的一种交流载体和交往方式，形成师生深度交流的共同话语基础。因此，作业应考虑学生的终身发展和个性发展，强调持续学习和适应变化的能力，以及在不断变化的环境中不断提升自我价值。其内在要求主要涉及目标、内容、表述、难度、结构等层面，即作业要做到内容科学、用语精炼、易于理解、要求明确、答案合理。作业的难度应具有合理性，即不同难度的作业分配合理，不存在偏难或偏易的现象。作业设计应具有结构性，即时间分配恰当、内容相互关联、难度分布合理。

基于新课标中"学习任务群"相关阐述，我们可以这样认为，作业是教师基于核心素养导向，精心设计并指导学生完成的一系列学习任务。其具有以下明显特征：一是作业的完成主体是学生；二是作业的设计者是教师；三是作业的设计目标是培养核心素养；四是作业完成过程是完成一系列学习任务的过程。学生应该是学习任务的主动参与者、任务的完成者，其转变了教师在设计作业、完成作业的过程中的角色——教师应该是学习任务的制定者、指导者和反馈者。

核心素养视域下，我们也应该认识到作业是课程重要的组成部分，是课程实施中的重要一环，是实现课程、教学、学习三者统整、培养学生核心素养的有效路径。站在课程建设的宏观层面把握作业在课程中所处的位置，突显作业的整体性、系统性和协同性，即作业的设计以学生为中心，始终将学生的发展放在作业设计的核心位置，基于课程标准，作业目标设计清晰，作业的内在结构合理，作业之间有明晰的逻辑关系。

综上所述，核心素养视域下的作业设计，应有如下特征。

1. 目标明确性

（1）精准对接教学目标

作业目标必须与课程教学的整体目标紧密相连。每一项作业任务都指向教学目标，并为落实教学目标贡献力量。设计作业时，应全面把握教学目标、深入分析教学内容，从而明确哪些知识点和素养技能是需要在课堂教学中落实和达成的，哪些知识点和素养技能是需要通过作业来巩固和强化的。这样设计出来的作业，才能为学生提供更为清晰的学习方向，通过完成作业，学生有针对性地巩固知识，强化技能，真正提升学生素养。

（2）全面涵盖多维度目标

作业目标必须依据课程标准制定。课程标准规定了学生在各个学科领域应达到的知识、技能和素养水平，作业作为教学的重要环节，其目标紧密围绕课程标准展开，指向学生科学发展、全面发展、可持续性发展。

2. 多样性

作业设计形式应多样，要注重个性发展，如自查式作业、互助式作业、主导式作业等，以满足不同学生的学习需求和兴趣。在统整连续性作业或者单元类作业时，要注重知识性作业、技能性作业、创新性作业三位一"体"，不仅要有传统的有助于知识与技能目标落实的作业题，还要适当设计口头、合作、实践等类型的作业，以及预习、复习等不同功能的作业。

3. 情境性

（1）具有情境性

好的作业应该是具有情境性和开放性的，应该是探究式教学的延伸，问题嵌套在真实的情境中，有激发学生好奇心与探究欲的各种任务，解决问题的工具和条件隐含在情境中，需要学生进行批判性的选择和转化，解决问题的方法不唯一，甚至最终答案也不唯一。这样的作业更能激活和强化学生在特定情境中运用特定核心素养和具体目标行为解决问题的能力。

（2）贴近学生生活

好的作业应该贴近学生生活，受学科知识性质的影响，有的学科知识比较抽象，有些时候某些知识在现实生活中的应用过于复杂。因此，教师在作业设计中模拟的情境要尽量真实，基本接近个体真正应用知识的工作场所、生活场所等情境，我们只有加大实践性作业的"力度"，鼓励学生通过调查、访问、画图、制表、描写等多种方式呈现，才能提高学生的能力和综合素养。

（3）综合其他学科知识

好的作业应将目标知识与本学科其他知识综合，克服知识碎片化倾向，大胆地将某学科知识点与其他学科知识综合起来，引导学生跨学科学习，将学科知识点与课外知识、广阔的生产生活实践相整合，调动所有的知识、观念与经验去分析问题和解决问题。生活化的作业更能有效激发学生的探究意识、独立思考与合作探究，有利于认知目标分类学体系中理解、应用、分析、综合、评价、创造等高阶认知能力的培养。

4. 差异性

基于课程标准的教学与评价要求在教学与评价过程中充分关注学生的个体差异，重视知识与技能、过程与方法、情感态度与价值观目标的落实。这就要求作业体现出两个特征：一是作业设计具有选择性，体现学生的主体地位，满足不同学生的需要。二是作业设计应具有梯度性，基于课程进行校本开发，立足学生个体的素养发展来设计作业，才能使"千篇一律"的冰冷作业具有"热度"和"温度"，从而有利于把握作业设计的"尺度"。

5. 操作性

从作业的编制维度重塑作业，明确作业的目的是为了检测、巩固和扩展学生的学习成果，帮助学生进一步完善和改进学习方式。理解作业目标对学生和教师都非常重要，它决定了作业的内容和形式。教师要把握好作业的"可操作性"这一尺度，基于课程理念，基于学生学情，从教材出发，在调动学生的兴趣上做文章，编制作业的语言应力求灵活新颖、富有情趣，能够吸引学生，使学生做作业时能持续在一个恒定的"温度"并处于一种愉悦的环境中，体验到寻觅真知和增长才干的乐趣。同时也应注重作业的互动性，教师要重视学生在完成作业中的引导，更应关注到，新课程理念下学生学习方式已悄然发生改变，因此，完成作业时同伴的支持和相互配合、适切的分工等，更能让学生放开手脚大胆探索，遇到困难也不畏惧。

6.评价多元性

评价目标应多维化、方式多样化、主体多元化，如设计评价量表、学习档案袋、学习日志等评价工具，观察学生的作品，了解学生的学习进程。作业应采用适当的评价方法。评价方法的选择应与作业目标相适应，以便诊断学生的思维发展情况。表现性评价被认为是直接考查学生能力的方法，它注重评价学生的表现过程和结果，如科学实验、演讲、论文等，这样的评价方法能够增强学生的学习动机，提高学生完成作业的积极性。只有实现作业的"制""做""评"一体化，才能真正实现作业设计的可持续性和科学发展。

二、作业的价值功能

（一）核心素养视域下作业的价值观

作业价值观，即对作业的价值定位，会受到教育学、心理学、课程与教学观、学习观和知识观等方面的影响，同时价值观也具有社会性和历史性。如受行为主义理论的影响，作业的价值在于对课堂所学习知识的强化、训练。其主要起着练习的作用，人们认为让学生做足够的练习就能掌握所学内容。在认知主义学习论下，强调作业培养学生的认知能力，通过作业，使学生能够独立自主地解决问题，深入理解和应用知识，发展学生的批判与创新精神，激发学生的创造力，从而通过自主建构知识，赋予所学知识以意义。在人本主义学习观下，由于学生的独特性、创造性、责任感、态度和自我评价等品质受到关注，作业的价值不仅在于要达到知识巩固和技能强化的目的，更要关注学生在完成作业过程中表现出来的态度和品质。

核心素养视域下，作业作为课程与教学活动的重要有机组成部分，是落实立德树人根本任务、践行课程标准的重要载体，与课堂教学形成优势互补，是课程的动态的生长性的延伸，具有多元的价值。从文化基础、自主发展、社会参与三个维度出发，领悟人文底蕴与科学精神，培养学生学会学习与健康生活、勇于担当与实践创新等良好品质，发展学生核心素养，促进学生全面发展。

（二）核心素养视域下作业的功能

根据新课标理念下作业的内涵以及赋予的价值观，作业的功能可被定位为智育功能、发展功能、评价功能和联系功能。作业功能的体现同作业实施系统有关，四类功能之间不是独立和割裂的，而是密切联系、相互交融的。其中智育功能主要体现在学生完成作业与作业反思阶段，其子功能之间存有促进影响关系。因此，智育功能会间接引起部分评价功能，而评价功能的发挥也会在后续的实施过程中促进提升智育功能和发展功能的效用，联系功能则贯穿联结其余功能属性，存于整个作业系统之中，发展功能体现为在作业系统中被各功能长期带动影响。

1.智育功能

作业的智育功能指向学科的关键品格与必备能力，即学科素养的培养。一方面，促进学生学科知识的系统化，完善学生学科知识的结构，帮助学生建构知识体系。另一方面，启发学生运用学科智慧探索实践，培养探究意识和解决问题的能力。

（1）强基固本

巩固强化知识是作业本身蕴含的初始功能使然，而这种功能主要表现为通过呈现或再现知识点等方式使学生熟悉化、稳固化，再加之顿悟等环节来促成对知识的掌握与深度理解。这是一个由外到内的过程，也是一个融会贯通的过程。此外，因学科知识为学科基本技能的习得提供了前提和基础，而学科基本技能的学习也进一步促进学科知识的理解与掌握，二者相辅相成，作业具备的练习属性也能驱动学生习得相关学科的基本技能。再者，各学科灵活的作业问题也是渗透学科思想方法的载体和工具，推动学生对同学科与其他学科思想的辨别与同化，进一步感悟学科思想方法。

（2）启发探索

作业是对课程资源的拓展与学习时空的双向延伸，课堂教学因受时空的限制，问题的探究具有一定的局限性。以作业的形式呈现可以打破时空的壁垒，满足学生的探究欲望，与课堂实现有效互补。作业的视角可以是多样化的，学生自主选择探究，如自己感兴趣的问题、长期困扰他们的问题、基于真实生活的探究性问题等，激活探究思维，去探寻与发现、体会与践行。学生通过观察、调研、搜集、整理、实验等"做中学"的学习方式，丰富已有的认知结构，构建学科间的内在联系，从而促进学生全方位的理解，拓宽视野，培养探究意识、实践能力、科学精神和创新思维。

（3）发展认知

作业作为学习活动的重要载体，相比课堂教学，学生有比较充足的独立性，这有利于发展学生的认知能力。学生在课堂中已完成知识的初步建构，作业活动一般是在课堂教学之外的、教师"弱辅助"的情境中进行，是学生与自己建构的知识进行"对话"的过程，从信息加工的角度来看，作业活动中学生分析、提取、评估、应用、反思、修正、确认，这也是知识的精细化建构的过程，有利于实现学科知识及不同学科知识体系、思维体系间的整合、优化，还有利于促进自身认知结构的发展，提升认知水平。

2. 发展功能

作业的发展功能指向推动学生综合素养的发展，如学会学习、积极心理、责任意识等终身发展的共通素养培育，促进学生实现社会维度的发展，是作业最终的价值旨归。

（1）提升自主学习力

自主学习力是现代教育的重要目标之一，是学生适应未来社会变革的需要，是保持其持续发展的重要内驱力。优质高效的作业系统有利于提升学生的自主学习力。作业赋予学生在空间、时间以及各种资源上一定的自由，是调动学生能动性、独立性以及自律性等自主特性的重要途径。一方面，学生需要在时间管理、任务分配、学习策略等方面按照自己的兴趣和能力现状做出合理的规划和选择。另一方面，学生在完成作业的过程中，需要不断就自己或团队的行为进行反思、分析与评价，及时对学习行为做出调整。这有助于发展学生的计划能力、监控能力、调节能力等元认知能力，也有利于提升学生的学习效能感。此外，学生在作业完成过程中，逐步学会自我监控、制定学习计划、管理学习时间和评估学习效果。随着学生对作业的自主调节能力不断提高，作业完成过程中所需的各种策略及调节过程变得日趋娴熟，自主、自律、责任感、意志力等良好学习品质逐渐养成，最终指向培养学生学会学习与健康生活。

（2）提升沟通与合作素养

作业既可以是个体对知识的操练、对问题的探究，也可以是在人际交往中合作解决问题。学习的本质是社会性的，知识在人类社会范围内，通过自身的认知过程及个体间、群体间的社会协商而建构。在完成作业的过程中，学生可以通过组建学习共同体，合作完成。教师、同伴、家人、社会人员都可以是学生学习共同体的成员，都可以处于作业情境中。通过多元参与、讨论互助、共同协商，学生能够在相互支持和激励中表达自己的观点或困惑、理解他人思想、增强学习动力，既是促进学生理解知识与建构知识的良好契机，也是提升其团队合作、人际沟通与交流等能力和素养的有效途径。

（3）提升学生积极情感

作业为学生积极情感的建立与提升提供重要契机。其一，向学生的兴趣点精准发力，展现知识的意义与价值，能够有效激发学生的学习热情。比如情景化的作业在积累生活经验、蕴蓄理性知识、涵养人文底蕴及家国情怀方面有着天然优势。当学生将学科知识与社会生活建立起有效连接，将学习和当下的现实生活建立联结，将极大地激发学生的兴趣和好奇心，使学生真切地体会到知识的实用价值和意义，感悟知识源于生活且服务于生活，进而增强亲近学科的意识，促进学科思考，感知学科的魅力。其二，作业作为学生自主学习、时间管理、挑战自我等提升综合素养的有力工具，对学生在作业活动中的参与感和主人意识、作业活动后的学业成就获得，产生极大的积极影响。其三，作业可以关注到学生的个体差异，创造适切的发展环境，满足学生个性化发展的需要。合理的选择性、差异化的作业任务、适当的支持和指导，能够促进学生学习的胜任感与自我效能感的有效建立，使学生成为积极活跃的学习者和意义的创造者。

3.评价功能

作业的评价功能指向诊断学生知识与技能的习得掌握程度，反馈学生的能力水平、态度情感与教师教学有效性等，促进师生双方调节改进后续的教与学，激励师生共同成长。

（1）反馈

作业反馈是作业评价的重要组成部分。对于学生而言，作业的反馈在知识的内化、素养的培养中起着至关重要的作用。学生能够通过作业活动中自身感受及作业活动后教师反馈的评价内容明晰认知现状、认知结构，对自身的学习能力进行评估。对于教师而言，作业是学生多样化的认知观念、多层次的认知水平和"迷思"观点的展现，学生的知识掌握程度、完成作业时的态度习惯以及教学目标的达成度等都能得到有效评估，为学情分析提供部分依据，是教师诊断和促进学生学习的评估手段，为师生双方后续的教与学提供了改进方向。

（2）反思

作业的反馈功能直接促进师生有意识地回顾，引发师生的反思且引领未来的行动。对于学生而言，反思是学生运用元认知的重要形式，贯穿学生学习的始终。作业活动的时间和任务相对宽松和自主，学生通过反思目前的学习现状，促使自己重新审视知识建构是否合理，这是学生与学习材料进行交流的过程，也是不断自主地进行反思与对知识进行重新建构的过程，进而调整自己的学习计划、学习态度、学习策略等。对于教师而言，作业评价体现了对现状的反思及转向指引，可被视为教学活动继往开来的环节。教师可针对作业目标及结果进行呈现，精准评价结果，作为及时调整教学计划和策略的切实依据。作业带给师生的反思指向于教与学的动态过程，必要时师生可一起商讨包含制定学习态度、知识内容、能力要求、心理特征等维度的评价标准。

（3）激励

首先，及时、具体且有建设性的评价语言不仅能够帮助学生认识到自己的进步和不足，提高学生的学习成就感，还能起到激励学生的作用。教师用信任、欣赏的眼光平等地与学生交流，正向的反馈能够让学生感受到自己的努力被认可，从而更加积极地投入学习中，培养学生积极自信的人格品质。其次，允许学生以各种合适的方式向公众展示他们的学习成果，采用表现型评价、协商型评价、展示型评价等多元的评价方式，家、校、社多样的评价主体，可放大作业的激励效能。通过静态、动态的对话交流，学生能更客观、更精准地自我评价，增强自己的成就感、自信心。同时，学生呈现出的良好的学习状态也是对教师的鼓励和认可，这种及时性、持续性的反馈，能让教师相信自己的能力，增强面对教学挑战的勇气和信心，激励教师不断提升自身的专业素养。作业评价功能的双向反馈，激励学生和教师共同成长。

4. 联系功能

联系性是作业不同于其他课程组成部分的一种特殊属性，特征表现为作业对于教师教学、学生学习、家校社合作等方面的联系贯通作用，具体涉及时间、空间以及人员三个维度的联系。一是在时间方面，体现为课堂学习与课后作业之间的联系，二者共同作用，将学生的课堂学习时间与课后学习时间联系起来，扩延课堂教学的效果，促进学生学习的长效性。二是在空间方面，表现为作业可将校内学习与校外学习联系起来。作为学生校外学习的主要构成部分，家庭作业的内容与学生在校的学习内容相关，但完成场所与实施条件等没有了学校环境的限制，因此，可以弥补一些校内学习的不足。三是在人员方面，首先，作业可被视为师生间对话与交往的窗口，通过学生写作、教师批阅实现师生间的心灵对话与融通。具体来看，学生通过写作业表达自己的观点，展示自己对问题的思维过程；教师通过批阅作业了解学生的见解，感知学生的学习态度和兴趣。批阅后，教师可利用答疑辅导的机会，与学生针对作业进行交流，增进彼此的沟通与了解。作业作为师生交往的载体，实现了师生双向的互通与关系的优化。此外，作业还可被视为学生、教师、家长三者之间联系的中介。在学生完成作业的过程中，家长可能会参与学生的作业活动，根据作业了解学生学习情况，增强家、校联系意识；也可能与学生一起完成亲子类作业，增加亲子交流机会，增强亲子关系。家长与教师也会根据学生的作业情况了解其学习状态与学习效果，并对此进行沟通，实现家校合作，形成合育力量。学生之间则可利用作业进行探讨交流或探究合作等。基于作业联系性这一特殊功能属性，教师需重视并加以利用该功能，把握家、校、社合作机会，促进家庭、学校与社会三者联合育人机制的运行。

三、作业设计的基本原则

作业作为教学过程中的重要环节，不仅是巩固课堂知识、提升学生能力的有效途径，也是教师了解学生学习状况、调整教学策略的关键手段。同时作业也是课程改革的关键之一，在各国的教育改革中都扮演着重要的角色。作业与课堂教学一同促进着学生的发展，是课程改革中无法回避的关键领域。作业设计的好坏直接影响着教学效果，影响着课程改革的开展。随着我国课程改革的深入，新课程理念下作业设计逐渐成为研究的热点。对作业设计问题的研究和探索是促进课程改革内涵发展的核心问题之一。因此，科学合理的作业设计至关重要。把握作业设计的基本原则，旨在帮助一线教师理解作业设计的重要性，把握作业设计的基本方向，为实现和探索"教—学—评"一致性和整体提升学生核心素养提供参照。在当前课程教学改革的大背景下，作业设计应着力落实课程目标，加强作业设计与教学的协同作用，切实关注学生差异，其基本原则主要体现在以下几个方面。

（一）指向课程标准的落实

核心素养视域下的作业设计更加侧重将作业作为一种教育活动，或者课程的组成部分，将其作为学习任务或实践活动，其功能和价值逐渐得到学界关注。作业设计是课程改革的重要组成部分之一，也是课程实施环节的重要保障。因此，在作业设计中应契合课程学业质量标准，深入落实课程目标，从而不断提高义务教育阶段的教学质量。

作为21世纪我国第一个中长期教育改革和发展规划，《国家中长期教育改革和发展规划纲要（2010—2020）》（以下简称《纲要》）是指导全国教育改革和发展的纲领性文件。《纲要》明确指出，我国教育改革和发展的核心任务是提高质量，要求"坚持育人为本，以改革创新为动力，以促进公平为重点，以提高质量为核心，全面实施素质教育，推动教育事业在新的历史起点上科学发展，加快从教育大国向教育强国、从人力资源大国向人力资源强国迈进，为中华民族伟大复兴和人类文明进步做出更大贡献"。要求在义务教育阶段，建立国家义务教育质量基本标准和检测制度，改革考试评价制度和学校考核办法。由此，各个学科均开始研制学业质量标准，精确描述各学段学生学业成就的关键表现。因此，学业质量标准应是作业设计的主要依据，是作业设计的指导思想。

2021年3月，教育部等六部门印发《义务教育质量评价指南》（以下简称《指南》），为切实扭转不科学的教育评价导向，促进义务教育内涵发展和质量提升，从总体要求、评价内容、评价方式、评价实施、评价结果运用等方面提出了基本要求，旨在全面深化义务教育教学改革，推进教育治理能力现代化。因此，作业设计应关注教育内涵发展和教育质量的进一步提升。

2021年4月，教育部办公厅印发《关于加强义务教育学校作业管理的通知》（以下简称《通知》），针对实践中存在的作业数量过多、质量不高、功能异化等突出的问题提出了十点指导意见，强调在严格控制书面家庭作业数量的同时，要创新作业类型和优化作业设计。2021年7月，中共中央办公厅、国务院办公厅印发《关于进一步减轻义务教育阶段学生作业负担和校外培训负担的意见》（以下简称《意见》），进一步强调提高作业设计质量，以充分发挥作业诊断、巩固、学情分析等功能，落实素质教育。《通知》和《意见》的颁布回应了当前学生作业负担过重的现实问题，也反映了作业设计研究的迫切性。随着课程改革的日益深入，虽然我们在课程建设、课堂教学等方面取得了一些成果，但是作业设计无论是研究还是实践改革依然亟待发展。

《义务教育课程方案（2022年版）》（以下简称《方案》）的颁布，明确提出，评价是课程的核心要素之一，也是课程实施的关键保障。新《方案》为作业设计朝哪些方向改进指明了方向。新《方案》提出深化评价改革必须要指向"立德树人"根本任务的落实，力求为"培养什么人、怎样培养人、为谁培养人"提供教育评价方面的答案，为实践"评价育人"提供新方案。因此，在当前的作业设计中必须要针对作业评价存在的现实问题，破立并举；破解当前有碍于新课程落实的不科学的作业设计观念和实践问题，必须要将作业设计改进置于学习、教学、课程的互动关系中来思考，强调作业设计在促进新课程落地、新教学实施以及指向核心素养发展的学习中的关键作用。义务教育课程学业质量标准的研制，旨在引导教师更加关注课程的育人目的，作业设计的改革应促使课程的教学目标从以升学考试为目的向培养学生核心素养转变，从机械记忆的学习方式向分析理解综合运用的问题解决方式转变，帮助学生和教师把握学与教的深度和广度，促进"教—学—评"一致性的实现。

上述文件明确了新时代义务教育的质量要求和作业设计的变革方向，以及开发作业设计的重要作用和推进机制。作业设计作为义务教育阶段学生学习、学校教学的重要组成部分，对有效落实国家政策文件具有重要作用，作业设计应始终坚持指向课程目标的原则，深入探索新课程理念下的高质量作业设计。随着课程改革的深入，作业设计改革成为推动课程改革的重要力量。新课程要求作业设计更加注重能力导向，关注学生知识和技能的实际操作能力以及解决实际问题的能力，引领学生教育和学科教学的能力导向和综合发展导向，实现作业设计的育人功能。教师在开展作业设计时需要准确判断课程目标与作业内容的深浅程度，了解作业设计的水平要求，扭转考什么留什么的状况。作业设计的改革有助于实现作业评价的导向功能，促进课程改革整体目标的实现。

（二）体现与教学的协同作用

作业设计有多重功能，其在教育领域最常见的功能可以分成三类：诊断、巩固、学情分析。对于课程实施中的作业设计，应充分发挥其与教学的协同作用。这些功能中最重要的是巩固的功能。作业与课堂教学一同促进着学生学业水平的不断发展。因此，在作业设计的过程中，应注意发挥作业设计与教学的协同作用。同时，作业的诊断和学情分析功能，通过影响学生的目标定向、学习动机、学习方式等，一同影响着学生学业质量的发展。

在有关作业的理论中不得不提到的是杜威关于作业的观点，在杜威的理念中，作业不仅是作业任务本身，作业还是一个动词。他将作业作为一种学习的过程，作为学习活动的一部分，也是学科课程的重要组成部分，因此，他强调作业设计要关注情境的整体性和真实性，从而全面发挥作业设计的育人功能。威廉·赫德·克伯屈（William Heard Kilpatrick）在发展杜威思想的基础上，以"设计教学法"而闻名，又被称为项目教学法，虽然没有对作业设计提出明确的观点，但是他的项目设计思想对作业设计具有重要的启发意义。这种作业即学习活动的思想为我们当前开展作业设计提供了重要的理论支撑。

首先，作业是学校课程的一部分。杜威认为课程是社会性的作业活动，任何学科性的知识都可以转化成活动性作业，课程与作业密不可分，作业在课程中占据重要的位置。基于以儿童为中心的基本思想，杜威认为作业实际上也是学科课程的一部分。其次，杜威认为作业设计既包括校内作业，也包含校外作业，其中校内作业指课堂教学的内容与要求，并提出校外作业与校内作业的互补关系。最后，杜威强调作业设计要注重整体性、情境性和真实性。这里的整体是说作业情境应该具有感染力，不仅仅是强调知识的获得和技能的训练。杜威强调作业的整体设计，因此也强调教师要注意创设真实情境，因为真实的情境也具有教育意义，这样有助于学生解决现实生活中的真实问题。作业是知识与方法的结合。克伯屈也强调学习活动要注重以项目和主题为中心设计，打破单科教学的体系，更加强调以学生兴趣为导向的作业设计。他提出的设计教学法有四个基本特征：一是有待解决的实际问题；二是有目的、有意义的单元活动；三是学生自己负责计划和实行；四是可以增长经验的活动，使学生通过设计获得发展和生长。这种将作业设计作为课程重要组成部分的理念，促使我们在教学实践中注重发挥作业与教学之间的协同作用，共同实现育人目标。

随着课程改革的深入开展，作业设计理念的研究也不断深入，杜威等人关于作业设计的相关理念，为当前作业设计提供了启示，作业作为课程的重要组成部分，是实践课程目标的重要途径之一。同时，应关注课堂教育与作业设计的协调统一，强调作业设计的整体性和情境性，以及作业形式的多样性，关注学生的兴趣和主动性、积极性，在活动作业的过程中发展学生能力。这种作业设计观不局限在重视作业巩固教学内容的重要手段，更强调实现课程目标的价值与意义。在课程领域的视角下思考作业设计的功能与实施，打破了传统作业练习与训练的局限，将作业设计活动化、课程化、生活化，这些关于作业设计的思想直至今天也有着重要的借鉴和启示作用。在当前新课标理念下的作业设计更加需要突破原有作业设计理念重知识训练、轻能力培养的弊病，在作业设计中力求突破，实现作业设计与教学的协同作用。

（三）关注学生能力水平的差异

新课程改革以来，不断深化课程育人功能，努力构建以学生为中心的课堂，与此同时，作业设计的改革也应以学生的学为中心。作业设计要发挥其育人价值，就需要充分考虑学生能力水平的差异。然而，遗憾的是，多年来作业设计没有充分考虑学生能力层级的差异，往往出现"一刀切"的现象，不利于发挥作业在推动学生能力发展中的重要作用。

因此，在作业设计中，学生的差异性是需要尊重的，尊重学生能力差异意味着用最适合学生能力层级的方式来设计作业，不考虑学生能力水平的作业设计本身就失去了作业在学生发展中的重要作用。因此，作业设计必须坚持让所有学生受益的原则。如果作业设计的基本标准是巩固课堂所学，那么作业设计的最高标准就应当是尽力让所有学生发挥到最好，换言之，作业设计必须关注到对全体学生未来学习的影响。如果导致学生放弃学习或厌恶学习，那么即使是最有效的作业设计也不能被认为是高质量的作业设计。

当前的作业设计尤其是教学一线实践中存在的明显问题是：作业设计主要定位于认知层面，强调知识技能，是为了让学生在考试中有更好的表现，它忽视了作业设计的育人功能。同时，机械且重复的作业严重影响了学生的学习积极性。基于这样的现实，急需契合新课标要求的作业设计，这不仅意味着作业设计要关注全体学生，更要保护学生学习的兴趣，还要重新审视作业在课程与教学中的地位，在实践中不断创新作业设计的新样态，为满足不同能力层级的学生而全面、深入地开展作业设计，从而促进学生能力的提升。这将直接影响作业功能的发挥，关乎新课程的落实。这样的功能定位就需要突破习以为常的作业设计理念，实现作业设计方式方法的创新。

学习的本质是变化，作业设计作为学习的重要环节，应促进学生学习的发展。关注学生作业所带来的知识技能或其他方面的提升，更应该聚焦于学生通过完成作业所带来的能力水平和情感态度的变化。但传统的作业设计通常关注的是考试的最终结果，并以考试结果作为作业设计有效与否的重要指标，而不考虑学生原有的能力起点，这就会导致作业设计的有效性严重偏离教学目标，也可能导致一批学生在作业中永远感觉挫败，从而产生习得性无助，丧失学习的信心与动力。新课标下的作业设计，是为学生的全面发展而进行的设计，不能以单一结果的横向比较作为作业评价的唯一标准。真正意义上的作业设计是服务于不同能力层级的学生，因此应采用分层设计等多种形式，考虑到学生之间的个体差异，作业设计应体现层次性，为不同水平的学生提供适合其发展的练习机会。通过设计基础题、提高题和拓展题等不同难度的作业，满足不同学生的学习需求，促进全体学生的共同进步。同时，作业设计应鼓励学生发挥想象力和创造力，避免机械重复和死记硬背。通过设计开放性问题、创意作业等形式，激发学生的创新思维和批判性思维，培养学生的创新意识和能力。作业评估应采用多元化的方式，不仅关注作业的正确性，还应关注学生的学习态度、合作能力、创新能力等多方面表现。通过自评、互评、师评等多种评价方式，全面、客观地评价学生的学习成果，促进学生的全面发展。在追求作业质量的同时，也要注重减轻学生的课业负担。教师应合理控制作业量，避免"题海战术"，确保作业量适中、难度适宜。同时，通过优化作业设计，提高作业的质量，使学生在有限的时间内获得最大的学习收益。

四、作业设计的路径

《学记》中记载："时教必有正业，退息必有居学。"这是指按照时序进行，必须有正式的课业，课后休息时也得有课外练习。"居学"即为作业，是配合"正业"的。随着新课程改革及作业相关研究的不断深入，作业设计也随之被分化出来，成为独立的领域。

2021 年 7 月，中共中央办公厅、国务院办公厅印发《关于进一步减轻义务教育阶段学生作业负担和校外培训负担的意见》，提出"全面压减作业总量和时长，减轻学生过重作业负担"，并指出，要"发挥作业诊断、巩固、学情分析等功能，将作业设计纳入教研体系，系统设计符合年龄特点和学习规律、体现素质教育导向的基础性作业。鼓励布置分层、弹性和个性化作业，坚决克服机械、无效作业，杜绝重复性、惩罚性作业"。

作业，一直是教育领域关注的焦点，它既是学生学习活动的重要组成部分，又与学校教学质量有着内在关联，还直接影响着家庭对学校教育的关注。

而作业设计是一个对学习活动或学习环境进行设计的动态过程，《辞海（1999年版）》中将"作业设计"定义为对作业的内容、类型、形式、完成要求和批、发方式等进行设置和确定的过程，主要从各个角度对作业进行设计。作业设计是教师围绕教学目标，通过选择重组、改编完善或者自主创新等多种方式形成作业的过程。

我们知道，作业设计在提升学生学习成效方面扮演着至关重要的角色。通过精心设计的作业，学生能够在课堂之外继续深化对知识的理解和应用。作业不仅能够帮助学生巩固课堂所学知识，还能促进其批判性思维和解决问题能力的培养。通过案例研究或项目式学习，学生可以将理论知识与现实世界的问题相结合，从而提高其分析和解决复杂问题的能力。此外，作业设计还应考虑学生的个体差异，如认知风格和学习速度，以确保每个学生都能从作业中获得最大的学习收益。正如布鲁纳所言："教育的目的是让学生摆脱现实的奴役，而非适应现实。"因此，作业设计旨在激发学生的创造力和独立思考能力，而不是重复练习。我们要明确作业设计的方向，立足目标导向，基于儿童立场，引导学生做到知行合一。

（一）紧扣目标导向，实现育人价值

在作业设计的路径中，确定教学目标是至关重要的一步，它不仅为教学活动提供了方向，而且是衡量教学效果和学生学习成果的关键指标。教学目标的设定应基于对学生先备知识的评估，结合课程标准，确保目标的科学性和可实现性。通过具体、可测量的学习成果设定，教师能够更有效地监控学生的学习进度，并及时调整教学策略。因此，教学目标的确定应结合课程内容、学生实际情况以及教育的育人价值，以确保作业设计能够真正促进学生的全面发展。

1.立足课程，科学分析

在作业设计的路径中，立足课程标准及教材本身是第一步。课程标准不仅为教学活动提供了方向，而且是确保教育质量的关键。例如，根据数学课程标准，教师需要确保学生能够掌握数学概念、程序、应用和态度，通过深入分析这些标准，教师可以设计出既符合学生认知发展水平，又能促进学生全面发展的作业。此外，布鲁姆的教育目标分类学为教师提供了一个分析和设计作业的框架，帮助教师从知识、理解、应用、分析、综合到评价六个层次来设计作业，确保作业内容的全面性和深度。

我们还应注重科学探究，培养学生的问题解决能力，并突出问题导向，构建真实问题情境，同时强调在实践中锻炼本领，提升学生的思维能力，发展其核心素养，从而促进学生全面发展。

2. 基于儿童，合理设计

在作业设计的路径中，基于儿童立场开展学情调研是极其重要的一步。这一过程要求教师应深入理解学生的个体差异、兴趣点以及认知发展水平。例如，通过问卷调查、访谈和观察等方法，教师可以收集到关于学生学习习惯、家庭背景和学习动机等第一手资料。根据皮亚杰的认知发展理论，儿童在不同的年龄阶段具有不同的认知能力，因此，教师需要设计符合学生当前认知水平的作业，以促进其认知结构的发展。例如，对于小学低年级学生，作业设计应侧重于具体操作和直观感受，而高年级学生则可以引入更多的抽象思维和问题解决活动。此外，通过分析学生的学习成果和反馈，教师可以调整教学策略，确保作业设计既符合课程目标，又能激发学生的内在学习动机，从而实现育人价值。

在作业设计的过程中，考虑学生的个体差异和学习风格也同样重要。每个学生都有独特的认知方式、兴趣点和学习节奏，这些因素直接影响他们的学习成效。适切地评估学生的学习水平和需求，创造支持性学习环境，激发学生学习兴趣，通过这样的个性化作业设计，教师能够更有效地促进每个学生的全面发展。

3. 价值导向，明晰目标

在作业设计的路径中，确立作业的教育价值是核心环节，它不仅关乎学生知识技能的掌握，更影响着学生情感态度和价值观的形成。教育价值的确立需要基于对学生全面发展的深刻理解，以及对课程目标的精准把握。建议结合 ABCD 目标法，将作业设计的目标分解为四个要素：Action（行动）、Behavior（行为）、Condition（条件）、Degree（程度）。明确教育目标，确立价值导向，整合课程内容，使作业可操作、可测评，有产出，基于多元目标开展作业设计，并确保教学目标的实现、评估与反馈，持续优化育人策略。

（二）重视模块建构，设计作业内容

在作业设计的过程中，确保作业内容与教学目标一致非常重要。教学目标是教学活动的出发点和归宿，它们为教学活动提供了方向和评价标准。作业设计作为教学过程中的重要环节，其内容必须与教学目标紧密相连，以确保学生通过完成作业能够达到预期的学习效果。例如，在数学教学中，如果教学目标是让学生掌握两位数乘两位数的计算方法，那么作业内容就应该设计成一系列涉及两位数乘两位数计算的练习题，而不是其他数学概念的题目。通过这种方式，作业能够有效地强化课堂上所学的知识点，帮助学生巩固和深化理解。

1. 科学建构，自成体系

在作业设计的路径中，构建一个成体系的作业模块是实现教学目标和育人价值的关键步骤。这一模块应当基于对学生认知发展水平的深刻理解，结合课程标准和教学目标，设计出一系列既相互独立又相互关联的作业活动。例如，根据布鲁姆认知领域分类理论，我们可以将作业模块分为知识记忆、理解应用、分析评价和创造四个层次，确保学生在完成作业的过程中能够逐步深化理解，提升思维能力。此外，作业模块的设计还应考虑数据驱动的反馈机制，如通过收集学生作业完成情况的数据，分析学生在不同模块中的表现，从而为教师提供调整教学策略的依据。

2. 精准设计，深挖资源

在设计和开发作业资源时，教师应以课程目标为导向，确保每项活动都与学生的学习目标紧密相连。例如，通过设计一系列与课程标准相关的活动任务卡，促进学生对特定知识点的深入理解。在挖掘资源方面，教师可以利用多媒体工具，如教育软件和在线平台，为学生提供丰富的学习材料和互动练习，从而增强学生学习体验的多样性和趣味性。通过精心设计的活动卡和作业资源，教师能够有效地促进学生在认知、情感和技能等多方面的发展。

3. 合理实施，提供支架

在作业设计的实施中，提供必要的学习支架是实现教育目标的关键步骤。学习支架可以理解为在学生学习过程中提供的临时性支持，它能帮助学生克服学习障碍，促进其认知发展。例如，布鲁纳的认知发展理论强调了"脚手架"的概念，即教师应根据学生的当前能力，提供适当的支持，并随着学生能力的提升逐步撤去这些支持。再如，维果茨基的社会文化理论强调了"最近发展区"这一概念，指出教师应设计略高于学生当前水平的任务，并通过合作学习、示范、提示等手段帮助学生完成任务。通过这些理论模型的指导，教师可以更科学地设计作业，确保设计的作业既符合学生的认知水平，又能促进其能力的提升。

4. 探究开发，创新形式

在探索创新作业形式时，我们应当以学生为中心，结合现代教育理念和科技手段，设计出能够激发学生兴趣并促进其全面发展的作业。基于学生的学情，积极优化作业设计形式，强化作业设计的个性化、实践性和互动性，如形成性作业、分层作业、大单元作业或智慧化作业。作业设计还应融入创新元素，如项目式学习、合作探究学习等，以培养学生的批判性思维、创造力和团队协作能力。同时，作业设计应考虑跨学科的整合，鼓励学生在不同领域之间建立联系，以培养其综合运用知识解决问题的能力。正如爱因斯坦所说："教育的最终目标是使个体能够独立思考。"因此，创新作业形式应致力于培养学生的独立思考能力和终身学习的习惯。同时，作业的教育价值还体现在其对学生自我效能感的提升上，通过设定合理的、难度适宜的任务，学生在完成作业后能够获得成就感，进而增强学习的内在动机。

5. 定期调整，关注评价

在作业设计的过程中，定期调整以适应学生的发展是至关重要的。这不仅体现了教育的动态性和适应性，而且确保了教学活动能够满足学生不断变化的需求。教师可以设计不同层次的作业，从基础知识的掌握到高阶思维能力的培养，确保每个学生都能在适合自己的水平上得到发展。教师还可以利用形成性评价来监测学生的学习过程，通过收集数据来分析学生的学习进度和理解深度，以便及时调整作业难度和内容，确保作业内容既不超出学生当前的能力范围，又能提供适度的挑战，推动他们向前发展，促进其潜能的提升。

（三）注重科学反馈，优化教学评估

在作业设计的路径中，评估和反馈机制是实现育人价值的关键阶段。科学的评价体系不仅能够准确反映学生的学习成果，还能为教师提供教学改进的依据。例如，通过形成性评价，教师可以及时了解学生在学习过程中的进步和困难，从而调整教学策略，使作业设计更加符合学生的实际需求。此外，反馈机制的建立应注重及时性和建设性，教师的反馈应成为学生学习的催化剂，激发学生进一步探索和思考。案例研究显示，当学生收到具体的、有针对性的反馈时，他们的学习动机和自我效能感显著增强，进而促进其学业成绩的提升。因此，作业设计中融入科学的评估和反馈机制，不仅能够促进学生对知识和技能的掌握，更能培养学生的批判性思维和终身学习的能力。

1. 学习情况的评估

对学生学期情况进行持续性的评估是实现育人价值的关键环节。对作业设计内容、形式、结构的评估及科学的反馈，可以检验作业设计的梯度分级、广度延伸和深度开发，顺应学生的思维习惯，为学生提供思考的路径，让思维过程更直观地展现，使学生乐于探究和分享。

通过定期和系统的评估，教师能够及时了解学生的学习进展和存在的问题，从而对教学方法和作业内容进行调整。通过收集和分析评估中的这些数据，教师可以设计出更有针对性的作业，以促进学生在各个认知层次上的发展。正如教育家杜威所言："教育不是生活的准备，而是生活本身。"持续评估不仅帮助学生更好地准备未来，更是在当下促进其全面发展的重要手段。

2. 教学的评估与反馈

科学的评估不仅需要基于数据和实证研究，还应结合学生的个体差异和学习过程。形成性评估的数据能够揭示学生对特定领域的掌握程度，从而为教师提供量化的反馈，帮助他们更精确地指导学生。此外，采用多元化的评估方法，如自我评估、同伴评估以及项目式评估，可以全面衡量学生的学习成果，促进学生自我反思能力和批判性思维的发展。有效的教学评估还应结合布鲁姆的认知领域分类理论，从知识掌握到高阶思维能力的培养，确保评估内容与教学目标紧密呼应。

在评估的过程中，教师可以运用案例分析法，让学生在真实或模拟的情境中应用所学知识，从而更准确地评价学生的综合运用能力。通过深入的评估，教师能够引导学生深入思考，培养他们解决问题的能力。在评估的实施过程中，教师应运用恰当的分析模型，如SWOT分析（优势、劣势、机会、威胁），来识别学生在学习过程中的强项和待改进之处。通过这种分析，教师可以为学生提供个性化的反馈和支持，帮助他们更好地实现个人潜能的发展。同时，教师还应重视评估结果的反馈机制，确保学生能够理解评估结果，并据此调整自己的学习策略。有效的反馈机制能够促进学生对学习进行自我调节，从而提高学习效率，最终实现作业设计与学生全面发展的有机结合。

我们知道，作业设计的路径也是要不断优化和创新的。在当今科技驱动下的作业设计变革中，我们见证了从传统纸质作业到数字化、个性化学习任务的转变。随着人工智能、大数据分析和云计算技术的飞速发展，教育者能够利用这些工具来设计更加精准和高效的作业。例如，通过分析学生在在线学习平台上的互动数据，教师可以识别出学生的知识盲点和学习习惯，从而设计出有针对性的作业来强化学生的理解。这种基于数据驱动的个性化学习路径设计，不仅提高了学习效率，也增强了学生的学习动机。

此外，虚拟现实技术的应用为作业设计带来了革命性的变化。这些技术能够创建沉浸式的学习环境，让学生在完成作业的同时获得身临其境的体验。这种创新的作业形式不仅提升了学生的参与度，也促进了跨文化理解能力的培养。科技的进步还推动了协作学习的发展。借助在线工具协作，学生可以实时地与之共同完成作业，无论他们身处何地。这种协作不仅限于文字作业，还包括编程、设计等需要团队合作的复杂任务。通过这种方式，学生能够学习到团队合作和沟通的技能，这些技能在未来的职场中至关重要。

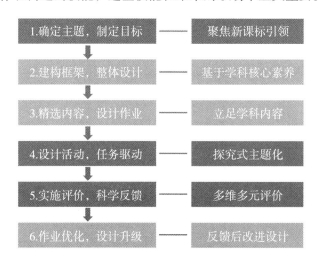

作业设计实践路径图

综上所述，科技驱动下的作业设计变革正在深刻地影响着教育领域，它不仅提高了作业的个性化和互动性，还促进了学生跨学科学习和团队协作能力的发展。教育者需要不断适应这些变化，利用科技工具来优化作业设计，以培养适应未来社会的学生。

五、作业实施的保障

作业的实施是作业设计理念落地的重要环节，直接关系到作业目标的达成和育人功能的实现。作业并非仅仅是教师布置、学生完成的简单过程，而是包含着复杂的设计、实施、反馈和改进等环节。只有将作业设计理念融入作业实施的每一个环节，才能真正发挥作业的价值，促进学生全面发展。为了确保作业的有效实施，需要从多个方面进行保障，包括制度保障、资源保障、师资保障和技术保障。对作业实施的保障是确保作业设计能够有效落实并达到预期教育目标的关键步骤。

（一）制度保障

建立健全的作业管理制度是保障作业有效实施的基础。科学的作业评价机制能够有效反馈学生的学习情况，促进教师改进教学，提升作业质量。家校沟通是保障作业有效实施的重要途径。

1. 完善作业管理制度

首先，明确责任主体，规范管理流程。明确学校领导、教务部门、教研组、班主任和任课教师在作业管理中的职责，形成层级分明、责任清晰的管理体系。构建学校层面的作业设计教研共同体，优化其内部的协同开发机制，制定详细的作业管理流程，包括作业的布置、批改、评价、反馈等环节，确保每个环节都有明确的操作规范和质量标准。建立作业管理监控机制，定期检查作业布置、批改、评价等情况，及时发现和解决问题，确保作业管理制度的落实。

其次，制定规范标准，优化作业设计。制定作业的格式规范、内容规范、难度规范等，确保作业的科学性和有效性。鼓励教师根据课程标准和教学目标，设计多样化的作业形式，例如实践作业、探究作业、项目式学习等，激发学生的学习兴趣，培养学生的综合能力。鼓励教师开展作业设计研究，探索有效的作业设计方法，不断提升作业设计的质量和水平。

最后，建立评价机制，促进持续改进。采用学生自评、同伴互评、教师评价、家长评价等多种方式，全面评价学生的作业完成情况，促进学生全面发展。关注学生在作业完成过程中的表现，例如学习态度、学习策略、合作能力等，及时给予学生反馈，帮助学生改进学习方法，提高学习效率。建立作业反馈改进机制，及时收集学生、家长和教师的意见和建议，不断改进作业管理制度，提升作业管理质量。

2. 建立科学多样的作业评价机制

建立科学的作业评价机制是保障作业有效实施的关键，它能够有效反馈学生的学习情况，促进教师改进教学，提升作业质量。多元评价主体能够形成家校共育合力，共同促进学生全面发展。学生自评能够帮助学生反思学习过程，总结学习经验，提高自我管理能力。同伴互评能够培养学生的合作意识和沟通能力，实现共同进步。教师评价能够全面评价学生的知识掌握情况、能力发展水平、学习态度等，帮助学生全面认识自我，提升学习能力。家长评价能够引导家长参与学生的作业评价，了解学生的学习情况，与教师共同关注学生的学习进步，形成家校共育合力。

多样化的评价方式能够全方面关照到学生发展，促进学生综合能力的提升。形成性评价关注学生的学习过程，它能及时发现学生学习中的问题，并能及时给予学生反馈，帮助学生改进学习方法，提高学习效率。终结性评价关注学生的学习结果，它能全面评价学生的知识掌握情况、能力发展水平、学习态度等，促进学生的全面发展。表现性评价关注学生在真实情境中运用所学知识解决问题的能力，例如科学实验、演讲、论文等，激发学生的学习兴趣，培养学生的综合能力。档案袋评价通过收集学生作业、作品、学习记录等，全面记录学生的学习过程和成长轨迹，促进学生进行自我反思和自我发展。建立反馈改进机制能够促进作业评价机制持续改进，不断提升作业评价质量。即时反馈能够帮助学生改进学习方法，提高学习效率。针对性指导能够帮助学生克服学习困难，取得进步。动态调整能够确保作业适应学生的实际学习水平。

3. 加强家校沟通

家校沟通是保障作业有效实施的重要途径，密切开展家校沟通，全员、全程、全方位地调动教育资源，能够帮助家长了解学生的学习情况，配合学校做好作业管理工作，共同促进学生的全面发展。学校应定期召开家长会，向家长介绍学校的作业管理制度和评价机制，引导家长正确看待作业，配合学校做好作业管理工作。教师应定期与家长沟通，了解学生的学习情况，共同解决学生在学习中遇到的问题。同时，学校还可以通过班级微信群、家校联系册等方式，及时与家长沟通学生的作业完成情况，形成家校共育合力。

学校应建立家校沟通机制，搭建家校沟通平台，畅通家校沟通渠道。例如：可以设立家长接待日，方便家长与教师面对面交流；可以建立家校联系卡，及时记录学生作业完成情况和学习情况；可以利用网络平台，搭建家校沟通桥梁，方便家长随时了解学生的学习情况。

家校沟通应注重方式方法，确保沟通的有效性和及时性。学校应鼓励家长积极参与学生的作业过程，为学生提供必要的帮助和支持。同时，学校也应引导家长正确看待作业，避免过度干预学生的学习，尊重学生的自主学习权利。

（二）资源保障

丰富的作业资源是保障作业有效实施的重要条件。学校应积极开发和利用各种作业资源，包括纸质资源、数字资源、网络资源等，为学生提供多样化的学习选择。同时，学校还应鼓励教师开发和设计具有特色的校本作业，以满足不同学生的学习需求。学校应为学生提供必要的学习支持，帮助学生克服学习困难，顺利完成作业。例如：可以建立学习辅导中心，为学生提供一对一辅导；可以开展学习小组活动，促进学生之间的互帮互助；可以鼓励家长参与学生的作业过程，为学生提供必要的帮助。

1. 优化作业资源

优化作业资源是保障作业有效实施的必要条件，它能为学生提供多样化的学习选择，以满足不同学生的学习需求，促进学生的全面发展。

学校积极开发和利用各种作业资源，包括纸质资源、数字资源、网络资源等，为学生提供丰富的学习材料。纸质资源包括课本、练习册、参考书等，数字资源包括电子教材、学习软件、教育网站等，网络资源包括在线课程、学习论坛、学习社区等。学校可以根据学生的学习特点和需求，选择合适的作业资源，并将其融入作业设计中。

学校要鼓励教师开发和设计具有特色的校本作业，以满足不同学生的学习需求。校本作业可以结合学校特色、地方文化、学生兴趣等因素进行设计，例如，可以设计与学校特色课程相关的作业，也可以设计与地方文化相关的作业，还可以设计与学生兴趣相关的作业等。校本作业能够激发学生的学习兴趣，培养学生的综合能力，促进学生的个性化发展。

学校还可以利用信息技术，开发和应用数字化作业平台，为学生提供个性化的学习路径，实现作业的精准设计和智能辅导，促进学生的全面发展。数字化作业平台可以实现作业的个性化推送、在线批改、智能评价等功能，提高作业管理的效率和效果。同时，数字化作业平台还可以为学生提供丰富的学习资源，例如，可以提供在线课程、学习软件、教育网站等，帮助学生更好地完成作业。

2. 提供学习支持

为了确保作业有效实施，学校要为学生提供必要的学习支持，帮助学生克服学习困难，顺利完成作业，促进学生的全面发展。学校可以建立学习辅导中心，为学生提供一对一辅导，帮助学生解决学习中遇到的问题。学习辅导中心可以配备专业的辅导教师，为学生提供学科知识辅导、学习方法指导、心理疏导等服务。学习辅导中心可以采取预约制度，方便学生根据自己的需求选择辅导时间和辅导内容。

学校可以开展学习小组活动，促进学生之间的互帮互助，实现共同进步。学习小组可以由学生自主组建，也可以由教师根据学生的学习情况和学习需求进行分组。学习小组可以定期开展学习活动，例如，可以一起讨论学习问题、分享学习经验、互相批改作业等。学习小组能够培养学生的合作意识和沟通能力，提高学生的学习效率。

学校还可以鼓励家长参与学生的作业过程，为学生提供必要的帮助和支持。家长可以陪伴学生完成作业，帮助学生理解作业要求，解答学习中的疑问。家长也可以与教师保持沟通，了解学生的学习情况，配合教师做好作业管理工作。家长还可以积极参与学校的家长学校活动，学习科学的教育方法，使其更好地指导学生的学习。

（三）师资保障

教师的专业素养是保障作业有效实施的关键。学校应加强教师培训，提升教师对作业设计的理解，掌握科学的作业设计方法，提高作业设计能力。学校也应鼓励教师开展作业设计研究，探索有效的作业设计路径，不断提升作业设计的质量和水平。学校还应鼓励教师之间开展合作，共同探讨作业设计问题，分享作业设计经验，共同提升作业设计能力。同时，学校还应鼓励教师与其他学科教师合作，开展跨学科作业设计，培养学生的综合素养。

1. 提高教师专业素养

教师的专业素养直接影响着作业设计的质量和实施的效果。学校应加强教师培训，提升教师对作业设计的理解，掌握科学的作业设计方法，提高作业设计能力。

学校可以组织教师参加作业设计相关的培训课程，学习最新的作业设计理念和教学方法。培训课程可以包括作业设计理论、作业设计方法、作业评价方法等内容，帮助教师全面了解作业设计的各个方面。学校还可以组织教师开展作业设计研讨活动，分享作业设计经验，交流作业设计心得，共同提升作业设计能力。

学校还可以鼓励教师开展作业设计研究，探索有效的作业设计路径，不断提升作业设计的质量和水平。教师可以结合自己的教学实践，进行作业设计研究，例如，可以研究不同类型作业的设计方法，可以研究不同学段学生的作业设计策略，可以研究作业评价的有效方法等。通过作业设计研究，教师可以更好地理解作业设计的本质，掌握科学的作业设计方法，提高其作业设计能力。

2. 加强教师合作

教师之间的紧密协作，可以有效提高作业设计的科学性和针对性，从而确保学生能够在作业中得到有效的锻炼。教师合作有助于统一作业标准和要求。在合作过程中，教师们可以共同讨论和制定作业的难度、量度和评价标准，确保作业内容与教学目标相符合，避免作业的随意性和盲目性。这种集体智慧的结晶能够使作业更加系统化、规范化，从而提高作业的整体质量。

教师合作可以促进作业内容的丰富和创新。不同教师具有不同的专业背景和教学经验，通过合作，他们可以相互借鉴，将各自的优势融入作业设计中。这种多元化的合作能够使作业更加贴近学生的实际需求，增强作业的趣味性和挑战性，激发学生的学习兴趣，进而提升作业的完成质量。

教师合作还能够实现作业反馈的及时性和有效性。在合作模式下，教师可以共同批改作业，相互交流学生在作业中存在的问题，及时给予学生有针对性的指导和帮助。这种集体反馈机制不仅减轻了单个教师的工作负担，而且能够从多个角度为学生提供改进的建议，确保作业的实效性，最终保障作业质量的持续提升。

（四）技术保障

信息技术为作业设计提供了新的手段和平台。学校应积极利用信息技术，开发和应用数字化作业平台，实现作业的个性化推送、在线批改、智能评价等功能，提高作业管理的效率和效果。智慧教育是未来教育发展的重要方向。学校应积极推进智慧教育建设，利用人工智能、大数据等技术，为学生提供个性化的学习路径，实现作业的精准设计和智能辅导，促进学生的全面发展。

1. 精准数据分析，提升作业针对性

利用信息技术是推动基础教育作业设计现代化的必由之路。信息技术的融入，不仅能够提高作业设计的效率，还能增强作业的互动性和个性化，从而提升学生的学习体验。信息技术的应用为作业设计提供了丰富的资源和工具。教师可以利用互联网上的教育资源库，获取多样化的教学素材，设计出更具创意和实用性的作业。同时，各种在线教学平台和软件也为教师提供了便捷的作业发布、收集和批改工具，大大提高了作业管理的效率。

在利用信息技术的过程中，精准的数据分析显得尤为重要。通过对学生学习数据的挖掘和分析，教师可以全面了解学生的学习状况，从而制定出更具针对性的作业。首先，大数据技术能够实时记录学生的答题情况、错题分布、知识点掌握程度等，从而帮助教师发现学生的共性问题。其次，基于数据分析结果，教师可以为学生量身定制作业，实现因材施教。最后，通过持续的作业数据跟踪，教师可以评估教学效果，调整教学策略，确保作业实施效果。

2. 智能辅导工具，提高作业完成质量

基于大数据和人工智能技术，教育软件可以根据学生的学习习惯、知识水平和兴趣爱好，为其量身定制作业内容。信息技术能够实现作业的个性化推送和智能辅导。这样的个性化作业不仅能够满足学生的个性化学习需求，还能够激发学生的学习兴趣，提高作业的完成质量。信息技术实现了作业评价的即时性和全面性。通过在线作业系统，教师可以实时监控学生的作业进度，及时给予反馈，学生也可以即时了解自己的作业表现，进行自我调整。此外，数据分析技术能够帮助教师从多个维度对学生的作业进行评价，不仅关注结果，更注重过程，从而全面评估学生的学习成效。

信息技术的应用为作业辅导提供了智能化的工具，有助于提高作业完成质量。一方面，在线作业平台可以实现作业的自动批改和即时反馈，让学生在第一时间了解自己的作业情况，从而有针对性地进行改正。另一方面，智能辅导系统可以根据学生的作业表现，推送相应的学习资源和解题方法，帮助学生巩固知识点，提高作业正确率。此外，同伴互助功能也使得学生在遇到问题时，可以互相讨论、共同进步，进一步提升其作业完成质量。

作业实施保障是作业设计理念落地的重要环节，需要从制度、资源、师资和技术等多个方面进行保障。通过建立健全的作业管理制度、优化作业资源、提升教师专业素养、利用信息技术和推进智慧教育，可以有效保障作业的有效实施，促进学生全面发展。

撰写人：艾庆华、王猛、王思宇、张佳伟、崔媛媛、赵璞琢、李密、

赵雪、赵航、杨祎、靖艳双、周晶、刘佳

（东北师范大学附属小学）

专题二

创新作业类型，优化作业设计

作业设计理应遵循"于高处立、向宽处行、就平地坐"的整体设计路径，在国家教育政策的引导下，不断丰富作业内涵，深化作业价值。评价是作业实施的应有之义，对学生的学和教师的教具有不断促使其深化的导向作用。我们引导教师树立以学生发展为本的作业评价观，从而实现作业质量的根本性提升。

"大作业观"作为一种新型作业观，以探究性与创造性的学习活动为依托，以撬动学习改进为理想支点，贯穿学习全过程，大作业观指导下的作业设计是教师引导学生自主学习、实施过程性评价的载体。"大作业观"之大，更重要的是其视域之大、取向之大、实践之大与评价之大。作业对一般认知能力的考查已颇有成效，但由于现实中教师的课堂时间和展示空间受限，不能为每一位学生的创作过程提供展示平台和个性化的反馈指导，学生的改进效果不尽如人意。因此，作业的功能不仅限于作业设计的技术性改造，而是以作业观的变革为契机，架起学习实践与评价改进的桥梁。

在作业内涵深化的基础上，对作业育人价值的认知也从"课堂教学辅助"向"课程关键环节"转变。对于从教学视角出发的作业价值观而言，作业仅是课堂教学的一个环节，只是课堂教学的简单补充。从课程视角出发，作业则成为教学过程锁链式结构中的重要一环，是全方位贯通课程的重要组成部分，体现了"作业即学习活动"的价值认知，与杜威主张的"教育即生长"的教育思想具有一致性，能使之成为引发学生兴趣、培养学生独立学习能力的引擎。

一、单元作业

（一）单元作业设计的核心理念与策略

1. 核心理念

（1）系统性与整体性

单元作业设计应遵循系统性原则，将教学内容划分为若干个相对独立但又相互联系的单元，每个单元都围绕一个核心主题或问题展开。作业设计应紧扣单元主题，体现知识的内在逻辑和联系，形成一个有机的整体。同时，单元作业还应具有层次性和梯度性，从易到难、循序渐进地引导学生掌握知识和技能。

（2）情境性与趣味性

情境性是激发学生学习兴趣和提高学习效果的重要手段。单元作业设计应创设贴近学生生活实际、具有趣味性和挑战性的情境，让学生在轻松愉快的氛围中完成作业任务。例如：在数学单元作业中设计一个"小小商家"的活动情境，让学生扮演商家角色进行商品定价、计算成本和利润等任务；在语文单元作业中设计一个"小小记者"的活动情境，让学生采访身边的人并撰写新闻报道等。

（3）探究性与合作性

新课标强调学生的主动学习能力和合作探究能力。单元作业设计应注重培养学生的探究精神和合作意识，设计具有探究性和合作性的作业任务。通过探究活动，学生可以主动发现问题、提出问题、分析问题并解决问题；通过合作活动，学生可以学会倾听他人意见、尊重他人观点、学会协商与妥协等社交技能。

（4）反思性与评价性

反思是促进学生深度学习和自我提升的重要途径。单元作业设计应包含反思性作业任务，引导学生对其学习过程进行回顾和总结，发现问题并寻求解决方案。同时，作业设计还应注重评价性，通过多样化的评价方式全面了解学生的学习情况和发展水平。

2. 具体策略

（1）明确单元目标，构建作业体系

在设计单元作业时，首先要明确单元教学目标和教学内容，构建清晰的作业体系。作业体系应包括预习作业、课堂作业、课后作业和拓展作业等多个环节，每个环节都应有明确的目标和要求。预习作业旨在引导学生提前了解学习内容，为课堂学习做好准备；课堂作业旨在巩固课堂所学知识，提高学习效率；课后作业旨在深化对知识的理解和应用；拓展作业旨在拓宽学生的视野，培养学生的综合素质和创新能力。

（2）创设情境，激发学习兴趣

针对小学生的年龄特点，作业设计应注重创设生动有趣的学习情境。可以通过故事讲述、角色扮演激发学生的学习兴趣和动力。例如，在设计英语学习作业时，可以设置一个"海外旅行"的情境，让学生在模拟的旅行过程中学习并使用英语单词和句子，提高语言应用能力。

（3）分层设计，满足不同需求

为了满足不同学生的学习需求，作业设计应采取分层策略。根据学生的认知水平、学习兴趣和能力水平，将作业划分为不同的层次，分别设置基础题、提高题和拓展题。基础题面向全体学生，旨在巩固基础知识；提高题面向中等以上学生，旨在提高综合应用能力；拓展题面向学有余力的学生，旨在培养其创新思维和解决问题的能力。这样的设计既能保证全体学生的基本学习需求得到满足，又能让优秀的学生得到进一步发展。

（4）强化实践，培养综合能力

新课标强调实践能力和综合素质的培养。因此，在作业设计中应增加实践性作业的比例。可以通过项目式学习、主题探究、社会调查等形式，让学生在实践中学习知识、应用知识、解决问题。例如，在科学课程中，可以设计一个"制作简易机器人"的项目作业，让学生在动手实践中了解机械原理、编程知识等，培养其创新思维和实践能力。

（5）引入技术，创新作业形式

随着信息技术的飞速发展，数字技术已经成为教育创新的重要驱动力。

在作业设计中，可以充分利用多媒体技术、互联网技术等现代技术手段，创新作业形式和内容。例如：可以利用在线教育平台发布和收集作业，实现作业的在线批改和反馈；可以利用虚拟现实（VR）、增强现实（AR）等技术创建沉浸式学习环境，提高学生的学习体验和效果。

（二）单元作业设计理念概览

1. 以学生为中心，注重个体差异

新课标强调"以人为本"的教育理念，要求教学活动应以学生为中心，关注每一位学生的成长与发展。例如，在设计小学英语单元作业时，教师应充分了解学生的实际情况，包括学生的英语水平、兴趣爱好、学习习惯等，以便设计出既符合学生认知水平，又能激发学生兴趣的个性化作业。同时，教师还应注重作业的层次性，为不同能力水平的学生提供不同难度的作业任务，确保每位学生都能在适合自己的难度下完成作业，获得成就感。

2. 注重过程评价，促进全面发展

新课标倡导多元化的评价体系，要求教学评价不仅要关注学生的学业成绩，还要关注学生的学习过程、学习态度、学习习惯等方面的表现。因此，在设计单元作业时，教师应注重过程评价的实施，通过观察、记录、反馈等方式及时了解学生的学习情况，并给予针对性的指导和帮助。同时，教师还应鼓励学生进行自我评价和同伴评价，以促进学生进行自我反思和相互学习。

（三）单元作业价值旨趣

1. 激发学习兴趣，培养学习动力

兴趣是最好的老师。在单元作业的设计中，教师应注重激发学生的学习兴趣和学习动力。具体来说，教师可以通过设计趣味性强的作业任务，让学生在轻松愉快的氛围中完成作业；同时，教师还可以通过设置奖励机制，如优秀作业展示、颁发奖状或奖品等，激发学生的学习积极性和成就感。

2. 强化知识实践，提高综合运用能力

实践是提高学生知识综合运用能力的关键途径。在单元作业的设计中，教师应注重强化学生的语言实践训练。具体来说，教师可以通过设计口头作业和书面作业相结合的方式，让学生得到全方位的锻炼；同时，教师还可以通过设计综合性作业任务，提高学生的综合运用能力。

（四）单元作业案例

> 学科：小学科学

地球表面的变化单元作业

设计者基本信息			
姓名	赵慧婧	联系电话	15043079454
地区	净月区	学校	长春净月高新技术产业开发区教育科研中心
年级	五年级	教材版本	教科版

一、评价策略

（一）评价主体多元化

倡导教师、学生、家长甚至同伴共同参与评价。在小学科学作业评价中，可以通过学生自评、互评、家长反馈以及教师综合评价等多种方式，形成多维度的评价体系。这样不仅有利于更全面地了解学生的学习情况，还能培养学生的自我反思和批判性思维能力。

（二）评价内容多维化

小学科学作业的评价内容应涵盖科学观念、科学思维、探究实践、态度责任等多个方面。除了考查学生对科学概念的理解、实验操作的熟练程度外，还应关注学生的科学兴趣、好奇心、探究精神、团队合作精神等非智力因素的发展。通过全面化的评价内容，促进学生的全面发展。

（三）评价方式多样化

运用纸笔评价侧重对科学知识的理解水平和科学思维能力进行评价；运用表现性评价对学生课堂表现进行评价，通过观察、谈话、口试、实验操作、项目研究、科学小论文等多种方式进行；适时加入综合性评价，对学生进行的项目式、主题式作业进行评价。最应重视的是过程性评价，其关注的是学生在完成作业过程中的学习态度、方法、习惯及解决问题的能力等非智力因素的发展。与单纯的结果评价相比，过程性评价更能全面反映学生的学习状况。因此，在评价小学科学作业时，教师应重视对学生实验设计、观察记录、数据分析、结论推导等过程的评估，鼓励学生注重过程、勇于探索。

（四）及时性与反馈性

及时性和反馈性是评价工作的重要原则。教师应在学生提交作业后尽快给予评价反馈，让学生及时了解自己的学习成果和存在的问题。同时，反馈内容应具体、有针对性，既要指出学生的优点和进步，也要明确指出其不足之处和努力方向。这样有助于学生及时调整学习策略，提高学习效果。

（五）建立评价记录制度

为了系统地跟踪学生的科学学习进程和成效，应建立评价记录制度。这包括建立学生科学学习档案袋、记录学生平时表现、作业完成情况、实验报告、项目成果等。通过定期整理和分析评价记录，教师可以更清晰地了解学生的学习轨迹和成长轨迹，为后续的教学和改进提供有力支持。

二、教材链接

教科版科学五年级上册第二单元"地球表面的变化"。

三、作业类型

$$\left\{ \begin{array}{l} 基础：主题任务——作业一 \\ 进阶：资料分析＋思维导图——作业二、三 \\ 拓展：项目式探究——作业四 \end{array} \right.$$

四、作业内容

作业一："地球表面的变化"主题任务

（一）绘制地球表面特征图

目标：了解并识别地球表面的主要地形类型（如山脉、平原、高原、盆地、丘陵、河流、湖泊、海洋等）。

活动：使用地图或地理软件，选取一个地区（如中国、北美洲等），绘制其地表特征图，并标注出主要的地形类型。

反思：讨论地形类型对人类活动的影响及地理环境对人类社会的意义。

（二）构建地球内部结构模型

目标：理解地球的圈层结构（地壳、地幔、外核、内核）。

活动：利用黏土、彩泥等材料，动手制作地球内部结构模型，并标注各圈层的名称及大致厚度。

学习：通过阅读资料或观看视频，深入了解各圈层的特性及相互作用。

（三）探究地震的奥秘

目标：理解地震的成因（板块构造学说）、震级与烈度的概念及地震的危害与防御措施。

活动：模拟地震实验（如使用摇晃平台模拟地震波传播），观察并记录实验现象。

案例分析：选取一次著名地震案例，分析其成因、影响及应对措施。

（四）揭开火山喷发的面纱

目标：理解火山喷发的成因、类型及火山活动的周期性。

研究：收集关于不同类型火山（活火山、休眠火山、死火山）的资料，分析其喷发特征。

讨论：火山喷发对地球环境的影响（如地貌变化、气候变化、生物多样性等）。

（五）风与地形的塑造

目标：理解风力侵蚀、搬运和沉积作用对地形的塑造。

实地考察或模拟：观察或模拟沙丘、风蚀蘑菇、风蚀城堡等风成地貌的形成过程。

应用：探讨风力作用在农业生产、城市规划中的应用与影响。

（六）河流与地形的演变

目标：理解河流的侵蚀、搬运和沉积作用对地形的影响。

案例分析：选取一条典型河流（如长江、亚马孙河），分析其流域特征、河床演变及河流对周边地貌的塑造作用。

实验：进行小流域模型实验，观察河流的侵蚀与沉积过程。

作业二：资料分析任务清单

资料：地球从形成到现在已有数十亿年之久，由无生物的太古代到有原始生物的元古代，再到古生代、中生代、新生代，遵循着由量变的积累达到质变，也沿着渐变与突变交替发展着。地质科学证明，在如此漫长的发展变化中，地球经历了三次气候变冷的大冰期，它们是震旦纪大冰期、晚古生代大冰期和第四纪大冰期……时代改变的印记都藏在地球表面的变化当中……

请你继续搜集有关地球表面变化的相关资料，小组讨论交流后，结合本单元模拟实验与真实情景建立对应关系。全班汇报自己的发现。比一比，谁的发现最精彩，谁的表达最有感染力，谁的科学逻辑思维最严谨。

作业三：请你用思维导图的方式整理本单元知识点

要求：

1.有结构、有逻辑（按照课时顺序或者内容顺序）；

2.内容包含每一个科学知识的探究方法及过程；

3.给你带来哪些启示。

作业四：项目式探究作业"防震床的设计"（针对基础好、兴趣高的学生）

项目背景：

地震，是具有强大毁灭性的一种天灾，对人类的生命以及财产安全等会造成很大的伤害。如何去防震减灾，这是当今人们所要掌握的必要技能之一。根据近几年地震救援情况不难看出，发生地震难以逃生的情况多发于睡眠时间。如何设计一款防震床，减少人员伤害，这是非常必要的。

本项目通过设计防震床展示学生的学习成果，以产品设计为导向激发学生的创新与创造能力，及时解决真实的情境问题。

学习目标：

	科学（S）	技术(T)	工程(E)	艺术/人文(A)	数学(M)
知识	框架结构及扇叶原理	模型设计图绘制	认识结构搭建	音乐创作及地震等自然灾害产生的影响	防震床的尺寸计算
技能	能够制作坚固框架	工业设计能力	团队协作测试与调试	音乐创作技能与人文关怀	测量能力数据分析与处理能力

请小小设计家来设计：

五、设计意图、思路及评价路径

"双减"要求严控作业总量和作业时长，那么在有限的时间里该做怎样的作业？如何"少而精"，如何体现"能力为重，素养为本"，如何保证学生学业质量是广大教师一直思考的新问题。

（一）设计意图

"地球表面的变化"单元分层作业设计的核心目标在于通过分层次、阶梯式的学习任务，满足不同学习能力与兴趣偏好的学生需求，促进学生对地球表面变化现象及其背后科学原理的深入理解和应用。通过这一单元的学习，学生将能够构建系统的地球科学知识体系，培养科学探究能力，增强环境保护意识。

（二）设计思路

基础：

目标：确保所有学生都能掌握地球表面的基本地形类型、地球结构的基础知识以及地震、火山等自然灾害的基本概念。

设计：以直观的材料和简单的主题实践活动（如绘制地表特征图、构建地球内部结构模型）为主，强调基础知识的识记与理解，认识科学本质，形成正确的科学态度。

进阶：

目标：在基础知识的掌握上，进一步探究地球表面变化的深层原因，如地震的成因、火山喷发的类型与影响、风力与水力作用的详细过程等。

设计：增加资料分析，梳理思维导图，鼓励学生运用所学知识分析实际问题、了解地球发展史，培养学生批判性思维和问题解决能力。

拓展：

目标：引导学生将所学知识应用于更广泛的领域，如气候变化、环境保护、地质勘探等，培养学生的跨学科整合能力和创新思维。

设计：设计项目式学习，让学生在实践中深化理解，提升综合素质。

（三）评价路径

学习态度：观察学生在课堂参与、作业提交等方面的表现，评估其学习积极性和态度。

理解深度：通过案例分析、问题解答等形式，评估学生对地球表面变化深层次原因的理解程度。

批判性思维：在小组讨论中，观察学生能否提出独到见解，对他人观点进行有理有据的质疑与反驳。

项目质量：根据项目报告、展示效果等，评估学生综合运用知识解决实际问题的能力。

创新思维：鼓励学生提出新颖观点或解决方案，评价其创新思维和创造力。

社会责任感：通过环保宣传方案等内容，评估学生是否具备将所学知识应用于社会实践、服务社会的意识与能力。

综上所述，地球表面的变化单元分层作业设计旨在通过差异化的学习任务和评价路径，促进全体学生的全面发展，实现因材施教的教育目标。

二、实践性作业

（一）实践性作业的设计理念

随着新课程标准的深入实施，作业设计作为教学过程中的重要环节，其理念与实践方式正经历着深刻的变革。新课标强调以学生为中心，注重学生个性化发展、综合素养提升以及创新精神与实践能力的培养。在这一背景下，实践性作业的设计理念显得尤为重要，它不仅关乎学生知识的巩固与应用，更关乎学生能力的全面发展与素养的全面提升。

1. 价值旨趣

实践性作业的设计旨在打破传统作业模式的束缚，将理论知识与实践活动紧密结合，实现知识的活学活用。其价值旨趣主要体现在以下几个方面。

（1）促进学生知识与实践相结合

实践性作业形式多样、内容丰富，它通过模拟真实情境或解决实际问题，使学生在实践中加深对理论知识的理解，能够激发学生的学习兴趣和好奇心，使学习成为一种主动探索的过程，促进知识的内化与迁移。实践性作业的核心价值在于将学生的理论知识与现实生活紧密结合，通过实际操作、亲身体验等方式，加深学生对知识的理解和应用。这种结合不仅有助于学生巩固课堂所学知识，更能激发他们的学习兴趣和动力，使学习不再局限于书本知识，而是成为解决实际问题的有力工具。

（2）培养学生的实践能力和创新精神

实践性作业鼓励学生动手操作、自主探究，通过实践中的观察、思考、分析、解决问题等过程，培养他们的实践能力和创新精神。这种能力不仅是学生未来学习和工作所必需的，更是他们适应社会发展、应对复杂挑战的重要素质。

（3）提升学生的综合素养

新课标强调学生综合素养的培养，包括知识、能力、情感态度、价值观等多个方面。学生不仅能够提升学科素养，还能在团队合作、创新思维、问题解决等多方面得到锻炼，从而培养综合素养。实践性作业通过跨学科融合、情境模拟等方式，让学生在完成作业的过程中综合运用各种知识和技能，提升他们的综合素养。同时，其中的合作、交流、反思等环节也有助于培养学生的团队合作精神、沟通能力和自我反思能力。

2. 素养立意

新课标明确提出了学生应具备的核心素养，包括文化基础、自主发展和社会参与等方面。作业设计应围绕这些核心素养，通过各种实践活动，促进学生在知识、技能、情感态度等方面的全面发展。实践性作业的设计也应立足于培养学生的核心素养。具体来说，素养立意包括以下方面。

（1）强调学生的主体性

学生是学习的主体，作业设计应充分考虑学生的兴趣、需求和个性差异。实践性作业要给予学生更多的自主选择和参与空间，激发他们的学习积极性和主动性。核心素养视域下的实践性作业设计应充分考虑学生的兴趣、特长和学习风格，尊重他们的个体差异和选择权，让他们成为作业设计和完成的主体。这种主体性不仅体现在作业内容的选择上，更体现在作业完成过程中的自主探究、合作交流等方面。通过实践性作业，培养学生的自主学习能力、批判性思维和创新能力，使学生学会学习、善于学习。

（2）注重跨学科融合

跨学科融合是新课标的重要理念之一。实践性作业打破传统学科界限，鼓励跨学科的作业设计。可以将多个学科的知识和技能融合在一起，促进学生对不同学科间基本概念、原理和方法的理解与掌握，让学生在综合运用中提高解决实际问题的能力。实践性作业设计应打破学科壁垒，促进不同学科之间的交叉与融合。通过设计跨学科融合作业，可以帮助学生建立更加全面、系统的知识体系，培养他们的综合素养和跨学科能力。例如，在语文教学中融入历史、地理等学科知识，通过社会实践、文化考察等方式，让学生在实践中感受语文的魅力，同时拓宽他们的知识视野。

（3）强调情境模拟与问题解决

情境模拟与问题解决是实践性作业设计的重要手段。通过设计贴近学生生活实际和社会热点的情境问题，让学生在模拟的情境中运用所学知识解决问题，可以培养他们的问题意识和解决问题的能力。同时，这种情境模拟也有助于激发学生的学习兴趣和动力，使他们在完成作业的过程中获得成就感和满足感。鼓励学生参与社会实践，了解社会现象，增强社会责任感，培养公民意识。

（4）倡导开放性与创新性

开放性与创新性是核心素养视域下实践性作业设计的重要特征。开放性作业没有固定的答案和结论，鼓励学生自由思考、大胆创新；创新性作业则注重培养学生的创新思维和创造力，让他们在完成作业的过程中不断尝试新的方法和思路。这种开放性和创新性不仅有助于培养学生的批判性思维和创新能力，更能激发他们的学习热情和创造力。

（二）实践性作业的设计方法

1. 设计原则

（1）真实性原则

实践性作业应来源于生活，将作业内容与学生的生活实际相结合，创设贴近学生生活的实践情境，激发学生的学习兴趣和动力，让学生在解决实际生活中的问题的过程中，深刻理解知识的应用价值。例如，在科学学科中，可以设计让学生探究植物生长的影响因素的作业，真实地进行养殖植物实验，学生需要自己设计实验方案，进行实验操作和观察记录，并得出结论。

（2）层次性原则

根据学生的不同能力和水平，设计不同难度和层次的作业，确保每个学生都能在适合自己的作业中得到提升。实践性作业应激发学生的好奇心和求知欲，让他们主动去探索未知领域。

（3）创新性原则

鼓励创新，打破常规，设计新颖独特的实践性作业，培养学生的创新思维和实践能力。可以采用多种形式的实践性作业，如调查研究、实验探究、社会实践等。学生可以根据自己的兴趣和特长选择适合自己的作业形式，充分发挥他们的优势。

（4）合作性原则

实践性作业可以设计为小组合作形式，让学生在合作中学会分工协作、相互学习和共同进步。通过小组合作作业，让学生体验到团队合作的重要性，学会尊重他人、倾听他人意见，提高他们的团队合作能力。例如，在研究性学习作业中，学生可以组成小组，共同研究一个课题，每个成员负责不同的任务，如资料收集、整理分析、撰写报告等。

2. 设计思路

（1）精准定位作业目标

实践性作业的设计应首先明确作业目标，确保作业内容与课程目标相一致，即希望通过这次作业达到什么样的教学效果和培养目标。作业目标应紧扣新课标的要求和学生的实际情况，具有针对性和可操作性。同时，作业目标还应具有层次性，以满足不同层次学生的需求。

（2）精心设计作业内容

作业内容的设计是实践性作业设计的核心环节。设计时应充分考虑学生的兴趣、特长和学习风格，选择贴近学生生活实际和社会热点的素材和情境。同时，作业内容还应具有实践性和创新性，能够激发学生的探究欲望和创新精神。例如：在语文教学中可以设计社会调查报告、实验报告等形式的作业，让学生在实践中感受语文的魅力；在数学教学中可以设计探究性问题或项目式学习等形式的作业，让学生在探究中提升数学素养。

（3）注重作业过程的指导与反馈

实践性作业的完成过程需要教师的指导和学生的积极参与。教师应及时关注学生在完成作业过程中的表现和困惑，给予必要的指导和帮助。鼓励学生从不同角度、不同途径去思考和解决问题，培养他们的创新思维。同时，教师还应注重作业完成后的反馈和评价工作，通过评价来肯定学生的努力和学习成果，指出存在的问题和不足，并提出改进的建议和措施。这种反馈和评价不仅有助于提升学生的作业质量和学习效果，更能激发他们的学习动力和自信心。

（4）加强家校合作与社区参与

实践性作业的设计与实施需要加强家校合作和社区参与。家长应积极参与孩子的作业过程，协助他们完成具有实践性和探究性的作业；社区也应为学生提供实践机会和资源支持，帮助他们更好地完成作业并拓宽视野。这种家校合作和社区参与不仅有助于提升学生的作业质量和学习效果，更能培养他们的社会责任感和公民意识。

3. 设计方法

（1）情境模拟法

情境模拟法是指通过模拟真实或虚构的情境，让学生在模拟的环境中完成作业。例如，在历史教学中，可以设计"模拟法庭"活动，让学生扮演法官、律师、证人等角色，通过审理案件来加深对历史事件和法律制度的理解。这种方法有助于增强学生的参与感和体验感，提高学习效果。

（2）项目式学习法

项目式学习法是一种以学生为中心的教学方法，它要求学生围绕一个具体的项目或任务进行自主学习和合作探究。在实践性作业设计中，可以引入项目式学习法，让学生围绕一个主题或问题展开研究和实践。例如，在地理教学中，可以让学生设计并实施一个关于当地水资源保护的项目，通过调查、分析、制定方案等步骤来培养学生的实践能力和综合素养。

（3）实验探究法

实验探究法是一种通过实验操作来探究科学原理和方法的教学方法。在自然科学类课程中，可以设计一些实验探究性的作业。例如，在物理教学中，可以让学生设计并实施一个简单的电路实验，通过实验操作来探究电流、电压、电阻等物理量的关系。这种方法有助于培养学生的实验技能和科学探究精神。

（4）社会实践法

社会实践法是指让学生走出校园，参与社会实践活动，通过亲身体验来加深对社会的认识和了解。在思政类课程中，可以设计一些社会实践性的作业。例如，可以让学生参与社区服务、环保宣传等活动，通过实践活动来培养学生的社会责任感和公民意识。

（5）跨学科融合法

跨学科融合法是指将不同学科的知识和方法融合在一起，进行综合性学习。在实践性作业设计中，可以尝试跨学科融合的方法，将不同学科的知识和技能有机结合起来。例如，在语文教学中，可以设计一些结合数学、科学等学科的实践性作业，如编写科学小品文、制作数学故事绘本等。这种方法有助于培养学生的综合素养和跨学科能力。

（三）实践性作业实施建议

1.明晰作业目标，落实核心素养

明晰的作业目标不仅有助于指导教师进行作业设计，对作业的内容、形式、评价、总量与质量具有统摄作用，还能为学生提供适切的学习支架，引导学生高效完成作业任务。

（1）立足课程标准，增强实践智慧

新课标反映时代发展要求，注重通过习近平新时代中国特色社会主义思想铸魂育人，促进人才培养模式的转变，基于课程本质凝练核心素养，根据不同阶段学生的身心发展特点，注重整合和统筹，按照学段要求加强一体化设计。

"双减"背景下的实践性作业应立足课程标准，回应价值关切，发挥育人功能，落实核心素养的培育。实践性作业的价值就在于选择并创设合理的情境，通过一定的情境使得学生的学习活动发生，促进核心素养的形成和提升，增强学生的实践智慧，从而积极引导好青少年这一人生的"拔节孕穗期"，做好学生健康成长和人生定向的引路人。

（2）深入挖掘教材，渗透育人价值

教材的教学性本质体现的是国家意志，随着课程改革的不断深化，其为学生发展提供的精神营养、正确导向、成长动力、教学根据和学习支架等育人价值也日益凸显。

教师要树立教材是"对话平台"的意识，通过教师与学生对话，学生与学生对话，共享编者、教师、学生之间的知识、经验、智慧与人生意义。实践性作业的设计不能仅仅利用生活资源，而忽视教材中的可取之处，要充分挖掘教材中的育人因素，有意识地渗透育人价值，使得教学回归教材本身，让教育回归立德树人的根本任务，这才是"双减"的正本清源之路。教师应立足教材文本，认真钻研教材内容，联系学情实际，寻找教材中与学生生活的契合点作为切入口，立足教材重难点展开情境创设。

（3）精准把脉学情，促进个性发展

学生发展具有个性化的特征，唯有从学生的视角出发，因生而异，才能"烹制"出满足不同层次学生成长的"营养餐"。学情分析是提炼教学痛点、发现教学真问题的首要任务，因此，实践性作业的设计也需要精准了解学情，从学生本位出发，打造生本作业，促进学生的个性化发展。如若实践性作业形式缺乏多样化特征，没有难度区分，同样也会影响作业的选择性问题。实践性作业如果太简单，只为了迎合学生的畏难情绪，则会导致作业的诊断与反馈功能无法有效发挥；如果太难，会使后进生的需求得不到重视。值得注意的是，探究性问题有时超出了后进生的能力范围，他们对作业难度和数量明显感到不适应，这并不符合"双减"政策的要求，甚至陷入了一种恶性循环。

实践性作业是展现学生个性化特征的外化形式，在他们完成作业的过程中，教师应耐心观察他们的性格和心理特点，因势利导，通过因材施教引导他们更好地发展。教师要为学生的个性化表达搭建一个开放多元的场域，利用好生活中"活"的资源进行校本作业的设计，使学生跳脱出具体知识的局限，主动利用知识去解释、解决生活问题，将知识内化为学生的综合素养，让他们成为对社会有用的人。教师在观察与评价学生的实践性作业成果时，可运用"南风效应"的教学策略，更重视发现学生的个性化特点，对学生的差异化学习进行指导与评价。

2. 精炼作业内容，链接实践经历

作业内容是作业设计的基础。为作业增添趣味的根本方法便是引进生活的源头活水。"双减"政策要求作业应有利于学生的创造性学习、创新精神与实践能力，只有精炼作业内容，链接学生的实践经历，才能为学生搭建资源支架，使学生的学习真正地发生。

（1）接轨生活认知，促进知行合一

陶行知先生认为"生活是教育的中心"，教育来源于生活的需要，又有效地服务于生活，生活和教育是相互交织、互相渗透的两个体系。生活无处不素材，生活无处不备课。实践性作业应通过真实任务驱动，构建真实的生活情境，让学生感受社会各个领域的变化所带来的冲击。这本身就是一种体验，一种获得，一种对知识的汲取，更是对知识的为"己"所用。

（2）强化学科融合，聚焦问题解决

"双减"背景下，实践性作业控量提质的关键在于"整合"，因此，实践性作业设计也应遵循学科融合原则。跨学科并不是几门学科知识简单的累加，而是以一门学科为核心，以某项主题为依托，与另外学科的知识体系、技能方法与情感体验相融，借助各种实践活动组成一份完善的作业。跨学科作业将不同学科知识体系、思维体系进行整合、优化，发挥多元智能要素作业之间的相互作用，指向问题解决能力的培养，通过真实问题的解决进行学习活动，从而达到跨学科优势互补的目的，实现教育效能的最大化。

跨学科项目是结合多学科知识完成的综合性项目，要求学生综合运用不同学科的知识解决问题或完成特定任务。跨学科实践性作业打破了作业封闭式、可预见式的特质，具有真实性、整合性、开放性、实践性和协作性等特征。它最终的切入点和目的就是要能够激发学生主动学习，自觉地把将来学生可能的创新实践活动提前到教学阶段来，让学生能够在学习阶段就模拟参与到社会活动中。这使学生在真实的情境中持续探究并反思改进，以发现问题、分析问题、解决问题为主要流程，以积极主动为动能，以化整为零为桥梁，以学习策略为手段展开问题解决的活动，进行建构主义理论提倡的"意义建构"，以跨学科优势带动学生全面智能和素质的发展。

3. 拓宽作业形式，丰富实践体验

"双减"背景下，想要真正实现以"减"增"效"，需要减少重复、机械性的作业，创新作业的形式。通过高质量的实践性作业设计，进而丰富学生的实践体验，使学生在充盈的活动体验中进行深度学习，促进其知识内化和思维进阶，提升学生的核心素养。

（1）探索体验作业，涵育情感认同

体验式作业着重于学生的亲身实践和情感体验，使学生能够在实际情境中感受和了解知识，切身感受知识的趣味与价值，生成对知识的情感认同。体验式作业主要包括沉浸式课堂活动、家庭活动体验与社会实践活动。沉浸式课堂活动包括案例教学、游戏活动、角色扮演、情景演练、沙盘演练、无领导小组讨论等，关键是激发学生的参与热情。

（2）设计表达作业，展示多元自我

表达类作业以自主发展为取向，引导儿童用语言或非语言形式在真实情境中表达对所学内容的理解，帮助他们更好地发现自我、接纳自我、展现自我。表达类作业的核心是将观察、倾听和实践，通过自己的感知运用合适的方式进行输出，从而将抽象的概念转化成一个具象的形式，展现个人理解、潜在认知以及独立创作。表达类作业着眼于核心素养中六大素养之"人文底蕴"和"健康生活"，将所有观察学习、记忆、思维、创造等学习过程进行综合运用并加以展示。由此，表达类作业设计要重视学生个性，结合学生的认知、体验与情绪，通过知识技能的迁移与情感的内化，将学生的主体性发挥得淋漓尽致。

（3）创新探究作业，培养高阶思维

探究性作业需要学生从亲身经验出发，是以小组合作或自主探究为形式，对问题展开探索与研究，并将学习结果呈现为书面形式的一种实践性作业。学生在探究问题的导引下，基于本身知识经验、思维模式进行深入探究，在此过程中，学生问题解决、探究、批判、传意、构思、创新等高阶思维将获得发展，进而把自己完整的思考过程在作业上进行呈现。探究性作业的设计要遵循统一性、开放性和任务性原则，需要教师具有宏观思想和大局观的远瞻性，正视教师的指导作用，立足于建立学生的系统性思维、逆向思维，注重儿童正确价值观的形成。与传统作业相比，探究性作业更能让作业的设计者和完成者共同成长，即教师和学生在不同的领域内，在不同的经历中一起成长。

4.优化作业评价，提升实践效应

作业设计应伴随作业系统的反思评价，形成有效反馈，才能不断提升作业设计的品质。

（1）反思整体设计，完善作业体系

实践性作业评价应基于作业整体设计的价值向度，展开系统性的反思，包括对实践性作业设计的目标达成度、内容科学化、形式多样性、难度合理性、作业时间适切性以及结构合理性做出基本的反思判断，并及时有效地进行调整，逐步完善作业体系，有效发挥实践性作业的育人价值。

（2）探求过程增值，追踪活动表现

增值评价立足于发展取向，简而言之就是看进步，不注重横向比较。所谓"增值"，即以师生和学校等为研究对象，关注其自起始阶段的教育表现，到经历一段时期的发展所取得的增量，侧重于变化过程。

首先，教师要明确作业的目的，要以推进落实立德树人为根本任务。把目光聚焦到学生综合素质的个性化培养上，指向学生学习过程的始终，从关注学生成绩达标走向关注学生成长。再次，教师可尝试引入表现性评价方式，表现性评价既是一种评价工具，也是具体的实践活动。最后，探究过程增值也可以适当引入现代信息技术加以辅助，例如利用在线教育平台、云计算以及大数据等工具，通过这些技术工具与学生进行实时互动，及时记录、跟踪并分析学生在作业完成过程中的数据，更加全面、直观、精准地分析其思维和行为表现的发展，为学生的全面发展添砖加瓦。

（3）探索多元模式，唤醒内生动力

新课标中强调学生是学习的主体，教师是学生学习的合作者、引导者和参与者。因此，学生主体参与的评价方式是一种有效打破瓶颈的方案。学生主体参与是指在学习和评价过程中，通过多元评价模式的探索，学生能够积极参与到自我评价、同伴评价、教师评价和家长评价等多种形式的评价活动中。

再者，教师还应为学生提供评价指南，包括评价方式、评价标准、评价时间等，注重跟踪评价和作品评价的有机结合，保证评价的即时性、持续性和引导性。在具体评价中，不仅要针对学生实践性作业的完成情况做出评价，还要考虑学生的行为表现，从创新意识、情感体验和参与程度等多方面，综合分析学生在此过程中各项能力、思维与素养的生成。教师应树立"作业即作品"的理念，给学生提供展示他们的"作品"的舞台，让学生感受完成实践性作业的成功，体验完成作业的快乐。

（四）实践性作业案例

学科：小学语文

从心之声
——"'志'长春"语文实践性作业案例

东北师范大学附属小学　孙劼　姜廷婷　郝瑞

在我国中小学的教学环节中，作业常被视为一种"复习与巩固知识的重要途径"。2021年"双减"政策推行之后，作业成为学校教研的新主题。纵观近年来小学作业设计案例，尽管在"把握功能、严控总量、提高质量、强化管理"等方面略有改观，但仍存在目标指向单一、内容细碎单调、缺乏有效评价与反馈等问题，究其原因是学科强架构与教师强控制的一种习惯体现。想要改变这样的现状，还应从由"教"到"学"的转化中寻求突破，以素养为导向，变革现有的作业设计。笔者基于作业设计与实施的实践经历，尝试探索实践性作业设计策略。

一、基于核心素养的语文实践性作业设计

相较于传统作业设计的机械练习与死记硬背，基于核心素养的实践性作业采取了截然不同的学习路径，鼓励学生通过调查研究、细致观察、创意绘画等多种手段来探索并解决问题。基于核心素养的实践性作业，其价值与追求在于丰富学生的课后学习体验，让学生感受到自主学习的乐趣，为学生提供更为广阔的语文学习视野和实践平台。因此，在进行作业设计时要着眼于对学生综合能力的全面培养，包括但不限于批判性思维、创新能力、实践操作、团队协作能力及解决问题能力等，以求有效促进学生核心素养的培育与发展。

二、"'志'长春"作业举隅

笔者与团队开发的"'志'长春"实践性作业以语文学科为主轴学科，融合了数学、英语、美术等学科。布置时间为当年"十一"假期期间，完成对象为五年级学生。对"'志'长春"实践性作业的设计，我们将从学情分析、任务选择、设计依据、学习拓展、评价策略五个方面进行阐述。

（一）学情分析与作业设计思路

五年级学生已具备一定的学习能力与学习策略，有更强的好奇心与探知欲。开展长春"在地化"研究可以为学生了解长春风土人情、历史文化、自然景观开辟途径，更能促进东北黑土地文化传承，在语言运用的基础之上，促进学生思维能力与审美创造力的提升，从而树立文化自信。

基于上述的学情分析，笔者组建研究团队，召集五年级全体语文、数学、英语三科教师进行集体备课，确定核心任务。经过商讨，我们依据艾琳·迪普卡提出的高相关性的作业设计取向，试图在作业与学情、作业与现有学习内容以及作业与学生未来的发展三个维度建立联系。最终确定"设计长春景点标志"为本次作业的主要任务。

（二）各学科任务的选择与设计

本次作业设计以五年级教学内容及能力考核点为依据，以语文学科作为支柱学科，在本次实践性作业中包含两个较为重要的学习任务，以统编教材五年级上册第五单元"学写说明文"为任务依托。以往一提到说明文的教学与批改，教师更为注重的是说明方法的运用，学生的作业训练也变成了说明方法的技能训练。而想要提升技能，最直接的方法就是进行反复练习，如果不能掌控学习的"量"的临界点，其产生的过度学习便会带来机械、重复的作业，成为学生的负担。

本次作业设计为避免陷入上述藩篱，我们将以核心素养为导向，重新审视说明文的价值，重视运用，关注学生发展。以叶圣陶先生所说的"说明白"为评价标准，让学生对自己的作品进行说明，即完成设计理念。学生经过多年的艺术训练，结合本学期美术课对"线条"与"色彩"的认知学习，已具备了一定艺术表达的赋值能力，学生的作业存在解释需要，以便传递出学生艺术成品的全貌。

以传统评价视角对下面左图的设计标志进行评价时，较易得出"这是一幅设计较为精细但没有上色的作品"。甚至有些老师可能认为这是一部未完成的作品，给出"请上色"的评价建议。在与其他色彩艳丽的作品进行比较时，这样的评价无可厚非。但当学生能够拥有其他表达通道时，教师评价则完全不同。

　　教师给予此项作品"非常棒"的评价。学生在自己的设计理念中明确写道："特有的黑白色样式彰显了历史感和沧桑感。"（如右图所示）由此教师的评价也发生巨大的转变。如果没有这样的文字表达通道，学生面对"请上色"的建议时，也许会降低其创作欲望甚至丧失探索与学习的兴趣。由此可以看出对于拥有一定技巧、能力的学生在完成此项作业时是有表达需求的。在真实需求的加持下，提升了任务的内在驱动力，变"我得写"为"我想写"，从"学写"到"运用"，真正落实了说明文的应有之义。

学生的设计图与设计理念

　　除此之外，该项作业设计还跨学科融合了英语、数学学科的内容。英语学科的任务设定主要体现在本学期对学生英语写作能力的考查，通过撰写简短的英语小作文考查学生整合运用的能力。同时，此项作业的设立也帮助学生实现了汉语、英语、绘画多通道的创作与表达，顺应全球化背景下对多语言表达的现实范式的实际需求。

　　数学学科则是对以往学习经验的复现，统计调查考查的是学生对数学知识的综合运用，特别是对学习过程的考查。本学期及五年级之后对于"概率"等内容的学习均需要学生具备熟练、准确的统计技巧，因此在"十一"假期的作业中温习、巩固统计技能，将对学生日后的学习起到事半功倍的作用。

　　（三）具体作业的设计与依据

　　1.研究指南的设计

　　刚迈入五年级的学生在完成实践性作业的过程中是需要学习支架的。因此，此项作业的首页便是"研究指南"，具体内容如下。

（1）寻找灵感

选择感兴趣的景区进行实地考察，在作业日记中记录下你感兴趣的或你认为有代表性的景点，它们可能成为你之后创作成果的一部分。

（2）形成初稿

查找资料，尝试绘制设计"标志"的初稿。在作业日记中记录下你是如何查找资料的，查找了哪些资料，并对"标志"的初稿进行介绍。

（3）修改成果

结合家人的建议修改成果，将这一过程记录在作业日记中。在"成果展示"中，绘制"标志"，写出设计理念，并用英文介绍。

（4）综合运用

如果把我们设计的标志进行推广，可以制作成钥匙链、粘贴、书签、笔筒、明信片……哪种产品的销量会更好，哪种产品的收益会更大，快用我们数学学过的方法调查分析一下吧！

"研究指南"的设计除了为学生提供必要的支架外，还有一个非常重要的作用——为学生、家长提供评价标准。我们可以借助评价的方式对学生进行科学的指引，进而充分发挥出评价的作用，激励学生在实践的过程中解决自己的问题。

2. 研究日记任务的设计

此项作业共预留了三页内容供学生记录研究日记。

"'志'长春"作为实践性作业，既培养了学生的观察与思考能力，又培养了学生的表达与创作能力。学生依照首页的研究指南，在"研究日记"中至少要经历三个过程性学习：实地踏查——上网查找资料——询问家人意见。学生通过记录"研究日记"使过程性的材料得以保留呈现，并为终极任务地标设计提供了基础保障。同时，研究日记的呈现也是对学生学习态度、学习持续性等的评价，学生记录自己的研究过程有利于对实践性作业进行全程评价。

3. 教师指导的具象体现

导引性的作业在本次作业设计中共有四处，包括设计前的"研究指南""锦囊妙'技'"、设计中的英文体式、设计后的统计表格。其中最为集中体现

教师指导的是"锦囊妙'技'"。（见下图）

锦囊妙"技"

设计理念：

创作思路：将"标志"中的各个部分内容介绍清楚，可以说一说它们的样子、寓意以及你的设计意图。

方法指导：为了将介绍的内容说清楚，可以借鉴语文书中第五单元"交流平台"的内容。尝试运用列数字、作比较、打比方等方法进行说明。

可参考下面的内容：

寓意：雪，象征洁白、美丽，是冰雪运动的特点；容，意喻包容、宽容、交流互鉴；融，意喻融合、温暖，相知相融。容融，表达了世界文明交流互鉴、和谐发展的理念，体现了通过残奥运动创造一个更加包容的世界和构建人类命运共同体的美好愿景。

形象来源：灯笼，具有鲜明的中国文化特色，有着 2000 多年的悠久历史，是世界公认的"中国符号"，它是欢乐喜庆节日气氛和"瑞雪兆丰年"美好寓意的完美结合，表达了共同参与、共同努力、共同享有的办奥理念。

核心创意：以灯笼为原型进行设计创作。灯笼代表着收获、喜庆、温暖和光明。顶部的如意造型象征吉祥幸福；和平鸽和天坛构成的连续图案，寓意着和平友谊，突出了举办地的特色；装饰图案融入了中国传统剪纸艺术；面部的雪块，既代表"瑞雪兆丰年"的寓意，又体现了拟人化的设计，凸显吉祥物的可爱。灯笼以"中国红"为主色调，渲染了 2022 年中国春节的节日气氛，身体发出光芒，寓意着点亮梦想、温暖世界，代表着友爱、勇气和坚强，体现了冬残奥运动员的拼搏精神和激励世界的冬残奥会理念。

中文名：雪容融
英文名：Shuey Rhon Rhon

英文介绍：

Word Bank：
南湖公园：South Lake Park
净月国家森林公园：Jingyuetan National Forest Park
长影制片厂：Changchun Film Studio
东北师范大学：Northeast Normal University
伪满皇宫：Palace Museum of the Manchurian Regime

实践性作业中的教师指导

导引性的作业设计更多的是为学生顺利完成任务提供帮助，助力学生成功。

（四）项目化学习的拓展

假期归来之后，我们基于此项作业的张力，联合美术、综合实践开发学科课程与活动课程，使学生最终实现了眼、耳、舌、鼻、皮肤等多感官参与，汉语、英语、绘画多通道表达的全育人的学习，促进了学生多维表达、合作探究、体育锻炼、艺术欣赏、社会参与等的全面发展。

组织班级、年级对优秀作品进行评选，学校为优秀作品提供奖金支持，帮助学生将脑中的想法与纸上的勾勒变为实物——制作成文创产品。学生制作文创产品后在校内、家庭甚至公共空间进行售卖，真正享受到了学习带来的直观、可视的回报，大幅提升了学生的自我价值感，激发了学习欲望，同时实现了宣传家乡的目的。实践性作业还拉近了书本知识与生活的距离，通过这项作业学生能够切实做到学以致用，用为所学。

（五）评价框架与策略

基于促进学生发展、助力学生成功的原则，我们将作业准备、实施、呈现的三个阶段和学生、教师、同伴、家长四种参与角色加以组合，构建作业评价框架。基于此框架，可归纳出六项作业评价策略：一是明确、分享和理解学习目标与成功指标；二是构建背景知识；三是提供学习支架；四是提供促进学习的反馈；五是激发学生成为彼此的学习资源；六是激发学生主动投入的积极行为。

三、结论与展望

"减负"只是手段，目的在于"提质"。关注学生的全面发展，着眼学生未来学习，实践性作业设计不失为一条重要的实现途径。但无论是前期设计、筹备还是实施的过程都需要一定的时间保障，因此，我们还需要从实践中提炼出基于学情、注重差异、强化过程、培育素养的理论模型与实践策略，以便在日常的短周期作业中进行迁移。

学科：小学科学

植物的生长变化实践作业

设计者基本信息			
姓名	许丽	联系电话	18186880897
地区	净月区	学校	长春净月高新技术产业开发区华岳学校
年级	四年级	教材版本	教科版

评价策略：本作业的设计注重学生的实践性，旨在让学生在实际操作中巩固知识、亲手操作、观察并记录实验现象、分析数据、得出结论、提高技能，从而提升学生学习效果、增强其知识应用能力，同时还能激发学生的学习兴趣和创造力。对于这种实践性作业的评价需要贯穿整个作业的始终，既

要评价学生的参与程度，也要评价学生的成长空间；既要有学生自评，也要有生生间的互评、教师评价、家长评价、网络评价等。如此多渠道、多层次、多视角的评价方式有利于全面评价学生的成长，能够帮助学生感受到成长的喜悦，看到进步的空间，找到最近发展区。

教材链接：教科版四年级下册第一单元"植物的生长变化"

作业类型：实践性作业

作业内容：

一、作业主题

我的植物"小精灵"。

二、作业设计思路

在四年级下册第一单元"植物的生长变化"中，通过组织学生亲历栽培凤仙花这一植物的活动，引领学生研究绿色开花植物的生长发育过程，在观察植物生长的过程中认识根、茎、叶、花、果实、种子等植物器官，理解它们在植物生长、生存、繁殖后代的过程中发挥的作用，帮助学生进一步丰富和完善关于生命周期的认识。本单元指向的核心概念是生命系统的构成层次、生物体的稳态与调节、生物与环境的相互关系和生命的延续与进化。本单元的作业设计应当紧密围绕该单元的核心概念，同时不再设定凤仙花这一植物，而是让学生在生活中自主选择植物来进行种植，如绿豆、向日葵等。通过对不同的绿色开花植物的观察比较，总结出绿色开花植物的生长发育过程以及理解它们器官的作用。同时也为学生逐步建立生命世界结构与功能、局部与整体、多样性与共同性相统一的认识搭建脚手架。

小学科学聚焦学科核心概念，以大单元的组织形式，呈现科学概念的连贯性和综合性，使得探究实践更具整体性、过程性。因此，作业设计也应该遵循系统性、层次性，强化整体设计，同时应该贴近生活，强调综合性和实践性。

三、作业目标

科学观念：基于观察记录，有依据地描述所种植的绿色开花植物一生的变化。能够知道绿色开花植物通常会经历种子萌发成幼苗、幼苗生长发育、植物开花结果、衰老、死亡的过程。

科学思维：在解剖、观察、实验的基础上，通过建模、推理等方式认识植物的结构与功能。

探究实践：利用文字、图示、拍照等多种方式观察、记录、研究植物的外部形态特征。同时能够整理和描述常见植物从生到死的生命过程。

态度责任：对自己所栽培的植物以及观察植物的生命周期产生兴趣，能够持之以恒地进行观察和记录。同时通过持续的关注和付出让学生更加珍惜和爱护自己的植物小精灵，从而培养学生的责任感和关爱意识。

四、作业设计框架

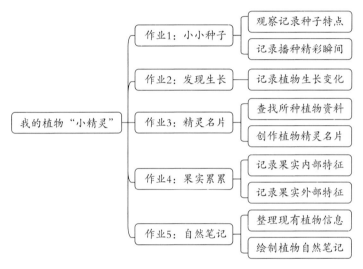

五、作业设计内容

（一）作业 1：小小种子

1. 观察记录种子的特点

同学们，你们做好种植"植物小精灵"的准备了吗？那就赶快选择好健康的种子，准备与它共同经历一场生命之旅吧！首先，让我们全面地认识一下这颗小小的种子吧！

（画出或者拍出我的样子）

2.记录播种精彩瞬间

种植方法	A.往花盆中浇一些水，直到土壤湿润； B.用土盖住洞口； C.放入多半盆土； D.把一块小石头放在花盆的出水孔上； E.将它放在温暖的地方； F.准备好花盆和土壤； G.用手指在土中按 2—3 个洞，深度约1厘米，每个洞里放一粒种子。 正确的顺序是：＿＿＿＿＿＿＿＿＿＿
精彩瞬间	将这一重要的时刻上传到钉钉班级圈中。

【设计意图】了解种子的特点是理解植物生长周期的第一步，通过观察种子的形状、大小、颜色等特征，学生可以更好地理解种子在发芽、生长、开花、结果等阶段的变化，为后续的观察、实验和学习打下基础。在种植过程中，学生需要进行准备土壤、浇水等操作，锻炼实践能力和动手能力。

（二）作业2：发现生长

在你的悉心呵护之下，植物小精灵茁壮成长了吗？在我们的成长过程中，爸爸妈妈总会为我们拍照留念，记录我们的成长过程。请你也亲手记录下你的植物小精灵的成长吧！看看它是如何生长的？从中你发现了什么？可以绘画、拍照、文字记录等等。

【设计意图】通过引导学生设计并记录植物的生长过程，培养其观察力、责任感以及对生命的敬畏之心。在这一过程学生不仅能够学习到植物生长的基本知识，还能深刻体会到生命成长的奇迹与不易，同时本作业还鼓励创造力与表达能力的发挥，无论是通过绘画、拍照还是文字记录，有助于学生的自我表达。

（三）作业3：精灵名片

1.查找所种植物资料

在陪伴并见证你所心爱的植物小精灵成长的同时，也希望你对它有更加深入的了解，以便更好地照顾它。你可以去图书馆，查一查关于所种植物的书籍与文献；你也可以到互联网上，找一找关于所种植物的科普文章或者花友们的种植心得。

2. 制作植物精灵名片

在我们了解了植物小精灵之后，自主完成个性化的"植物精灵名片"。完成制作后，可以将这张植物精灵名片分享给家人、同学，也可以将其摆放在小精灵旁边，让更多的人通过这张名片了解并爱上这一植物精灵。

【设计意图】通过查找所种植物的资料，学生需要主动探索和学习关于植物的基本知识，如生长习性、所需光照、水分等。制作"植物精灵名片"这一作业，学生需要根据自己对植物的了解和喜好，设计出既美观又实用的名片，在这个过程中学生需要发挥想象力，展现个性，培养其审美能力和设计思维。

（四）作业 4：果实累累

你的小精灵结出果实了吗？它是什么样子的？果实里面又藏着多少粒种子呢？赶快拿起工具，用课堂上学习到的观察和解剖方法，解锁果实的外部和内部特征吧！温馨提示：使用工具时，一定要在家长的陪伴指导下完成，并注意安全。

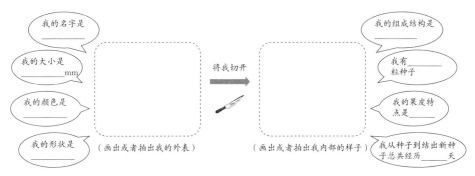

【设计意图】本次作业设计鼓励学生运用课堂上学习到的观察方法，如使用放大镜、尺子等工具，细致观察果实的颜色、形状、大小等外部特征，同时使用解剖方法探索果实的内部结构，观察其内部的果肉、种子等组成部分。这一过程不仅让学生亲手实践，还引导其深入思考果实内部结构与功能的关系，培养学生科学探究的精神和解决问题的能力。

（五）作业 5：自然笔记

走近你的植物小精灵，仔细观察它的形态特征，从叶片的纹理、花朵的色彩与排列到枝干的生长姿态，你发现了哪些在课堂上忽视的细节？完成一份自然笔记，记录下你的所观所感，并与同学们分享吧！

【设计意图】本次自然笔记作业的设计旨在引导学生通过细致观察一种植物——自己种植的"植物小精灵"，培养学生对自然界中细微之美的感知能力、观察力及记录能力。在观察整个植物生长过程中，学生对植物生长全过程进行深入理解，通过拍照、绘画以及文字记录等形式与同伴进行分享。

六、作业评价设计

（一）评价设计理念

本次作业以"我的植物'小精灵'"为探究主题，以种植自己喜爱的绿色开花植物活动为线索，让学生在观察、记录、实践中，运用科学知识和科学方法，激发探究兴趣，提升科学思维和探究能力。同时作业记录表为过程性评价依据，自然笔记、植物名片等为学习成果，将过程性评价与成果性评价相结合，并从五个维度进行评价；评价主体包括学生自己、他人（包括家长和同学）和教师。

（二）单元评价量表

单元评价量表				
评价维度	评价标准	评价等级		
		自评	他评	师评
科学观念	我知道绿色开花植物通常会经历种子萌发成幼苗、幼苗生长发育、植物开花结果、衰老、死亡的过程。			
科学思维	我能够利用观察、实验、解剖、建模和推理等方法研究植物的结构与功能。			
探究实践	我能够在整个照顾植物的过程中，做到浇水、翻土并坚持用自己的方式进行记录。			
态度责任	我能在养殖植物的过程中表现出对植物的珍爱，也能感受到大自然生命的可贵。			
（评价标准：A完全符合；B较符合；C不符合）				

七、作业成果展示

（一）网络空间记录

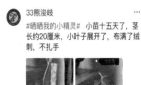

（二）过程性记录单

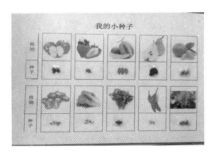

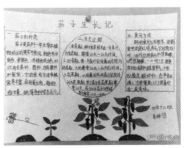

（三）单元评价量表

三、分层作业

（一）分层作业的设计理念

分层作业的设计理念主要是尊重学生的个性化成长，通过根据学生的个体差异和学习能力，设计不同难度和类型的作业，以满足不同学生的学习需求，促进学生的全面发展。作业是学科教学的重要组成部分，其分层设计的核心依据也是教师实施学科教学的核心依据。

分层作业设计要围绕课程标准、教材和学生学情三个核心实事求是地展开；要体现学生核心素养的发展要求，落实学科核心素养的培育。学科课程标准和教材是分层作业设计的核心依据，学情分析也是分层作业设计不可忽视的重要环节。高质量的作业设计是建立在教师对学情的深入分析基础之上的，但很多教师缺乏相应的研究与分析，布置作业比较随意，没有体现对不同学习水平学生个体差异性的关注。

分层作业设计要求教师以严谨的态度进行指向学生群体差异的科学分析，基于学生成长与发展的需求，对不同学生进行合理归类，并以此为依据对作业难度、类型和内容等进行恰当分层，使作业更具有针对性。

"双减"下的作业，在内容上，一是指向学生的学习，追根溯源时切忌"就题说题"，而应全面分析学生的学科知识体系、学科思维方法、学习策略和学习态度，进而明确其改进方向；二是指向教师的教学，教师要基于对学生作业的判断，思考"我应该怎么教更合适"，以此明确教学实践改进的方向。

根据学生个体情况和对其发展要求的不同进行作业增减，确保每位学生能按时完成作业。通过作业量的分层，可以更好地满足不同学生的学习需求，避免一刀切的教学方式。根据学生的实际水平和需求，进行合理的作业层次安排，并对不同层次的学生采用不同的评价标准。同时，教师也应该在调整自己的教学过程中进一步反思，"我这样调整之后是否有助于学生更好地理解"等。只有长久持续地跟踪和关注，才能真正实现学生作业的发展性功能。

（二）分层作业的设计原则

分层作业的设计原则基于尊重学生个体差异、促进学生全面发展的教育理念，旨在通过差异性、非机械性、灵活性、层次性和创新性等原则的实施，确保每位学生都能在适合自己的学习环境中得到充分的锻炼和提升。

1.差异性原则

差异性原则要求教师根据学生的知识基础、学习能力、兴趣偏好等差异，设计不同难度和要求的作业任务。因此，教师应在对每位学生的学习情况有深入了解、明确其学习水平和需求的基础上，针对不同层次的学生设置不同数量和难度的作业，确保每位学生都能在适合自己的难度范围内得到锻炼和提升。例如，在语文作业中，基础较弱的学生可以布置基础题进行巩固，而基础较好的学生则可以增加提高题或拓展题的数量，以挑战其语言运用能力。

2.非机械性原则

教师要避免布置过于简单、重复的机械性作业，注重作业的思维价值和实效性，确保其能够引导学生深入思考。例如，在语文作业中，可以布置阅读理解和写作任务，而不是简单地抄写课文或词语。对于已经掌握的知识点，不必再布置重复性抄写作业，而是通过设计更高层次的题目来巩固和提升。

3. 灵活性原则

教师要根据学生的实际情况和学习进度，灵活调整作业的内容和难度，及时发现问题并进行针对性指导。对于学习能力强、进步快的学生，可以适当增加作业难度或减少作业量；对于学习困难的学生，则可以适当降低作业难度或增加辅导时间。例如，在低年级的分层作业中，教师可以根据学生的识字量设计不同难度的朗读练习任务，以满足不同学生的需求。

4. 层次性原则

在设置分层作业时，教师要注意将作业分为不同层次，从低到高逐步递进，体现由浅入深、梯次渐进的原则，确保学生能够逐步掌握知识和技能，满足不同层次学生的需求。可以将作业分为基础题、提高题和拓展题等不同层次，让学生根据自己的能力水平选择适合自己的题目进行练习。

5. 创新性原则

值得注意的是，要鼓励学生在完成作业的过程中发挥创新思维和创造力。可以在分层作业中设计一些开放性的作业题目，鼓励学生从不同角度思考问题并给出多样化的答案。并引导学生将所学知识应用于实际生活中，通过解决实际问题来培养创新思维和实践能力。

（三）分层作业的设计方法

1. 目标分层

目标分层是根据不同层次的学生，制定难度不同的目标。在作业设计中，教师应针对学生的能力水平设定不同的目标，以便更好地促进学生的发展。例如，对于能力突出的学生，可以设置更高的目标，以挑战他们的思维能力和创造力；对于中等学生，可以设置一般目标，以巩固他们所学的知识和技能；对于能力薄弱的学生，可以设置基础目标，以帮助他们掌握基础知识。

2. 难度分层

难度分层是根据学生水平，设定不同难度的题目。在作业设计中，教师应针对学生的能力水平设定不同难度的题目，以便每个学生都能在自身基础上取得进步。例如，可以设置基础题、提高题和拓展题等不同难度层次的题目，让学生根据自己的能力选择适合自己的题目。

3. 形式分层

形式分层是指针对不同类型的知识点，设定不同的作业形式。在作业设计中，教师应针对不同的知识点采用不同的形式，以便学生更好地掌握知识点。例如，对于记忆性的知识点，可以采用抄写、背诵等形式；对于理解性的知识点，可以采用案例分析、讨论等形式；对于应用性的知识点，可以采用解决实际问题、项目等形式。

4. 评价分层

评价分层是指根据不同层次的学生，制定不同的评价标准。在作业评价中，教师应针对不同层次的学生采用不同的评价标准，以便更好地激发学生的学习兴趣。例如，对于学优生，可以采用高标准的评价，以激励他们更加努力；对于中等生，可以采用中等标准的评价，以鼓励他们继续努力；对于学困生，可以采用较低标准的评价，以便他们体验到成功的喜悦。

5. 反馈分层

反馈分层是指根据学生完成情况，进行不同的反馈。在作业反馈中，教师应针对不同层次的学生采用不同的反馈方式，以便更好地帮助学生改进。例如，对于学优生，可以在肯定的同时，指出不足之处，以帮助他们进一步提高；对于中等生，可以在给予鼓励的同时，提出改进意见，以帮助他们进一步提升；对于学困生，可以在给予帮助的同时，发现他们的优点和进步，以激励他们继续努力。

6. 调整分层

调整分层是指根据学生的实际情况，随时调整分层方式。在作业设计中，教师应密切关注学生的实际情况，以便根据他们的表现和需求随时调整分层方式。例如，可以根据学生的作业完成情况、考试成绩等方面进行动态调整，以便每个学生都能找到适合自己难度和形式的作业。

7. 时间分层

时间分层是指根据不同的时间段，制定不同的作业量。在作业设计中，教师应根据学生的学习时间和规律，制定不同时间段的作业量，以便学生能够合理安排自己的学习时间。例如，可以设定每天、每周和每月等不同时间段的作业量，以便学生能够根据自己的实际情况进行合理安排。

8. 个性分层

个性分层是指根据不同的学生，制定不同的作业内容。在作业设计中，教师应充分考虑每个学生的个性特点和需求，制定个性化的作业内容，以便每个学生都能感受到自己的特色和优势。例如，可以根据学生的兴趣爱好、特长等方面制定个性化的作业内容，以便更好地激发学生的学习兴趣和积极性。

（四）分层作业的实施策略

分层作业的实施策略是一个系统而细致的过程，旨在确保每位学生都能在自己的能力范围内得到适当的学习挑战和成长机会。它需要综合考虑学生的个体差异、学习需求和教学目标等多方面因素，通过科学合理的分组、差异化设计作业内容、及时反馈与辅导、家长参与以及持续改进与反思等措施，确保每位学生都能在适合自己的学习环境中得到充分的锻炼和提升。

1. 学生分组与评估

我们可以通过日常观察、测试成绩、学习态度等多维度评估学生的能力水平，在尽量尊重学生的意愿、避免伤害其自尊心的基础上将学生分为不同的层次或小组。需要注意的是，分层并非一成不变，应定期进行重新评估，根据学生的进步和变化调整分组，以保持分层的合理性和有效性。

2. 作业内容与设计

针对不同层次的学生设计不同难度和要求的作业。例如，基础层学生注重基础知识的巩固和基本技能的训练；提高层学生则增加一些需要思考和探索的问题；拓展层学生则鼓励创新思维和实践能力的培养。

在题型的设置上要体现多样化和情景化，包括选择题、填空题、解答题、应用题、开放性问题等，以多样化的题型为依托，将作业内容与现实生活或实际应用场景相结合，让学生感受到知识的实用性和价值，提高学生学习的积极性和动力。

3. 作业布置与反馈

在布置作业时，教师要明确每项作业的目标和要求，让学生清楚自己需要完成什么以及达到什么标准。我们可以根据分组情况，为不同层次的学生布置相应的作业。如，采用"必做题 + 选做题"的形式，让学生根据自己的能力和兴趣选择适合自己的题目。

针对学生的作业，要及时批改并给予反馈，细致地指出学生的优点和不足，并提出具体的改进建议。值得注意的是，要对表现优秀的学生给予表扬和鼓励，对学习困难的学生给予更多的关注和支持，才能使分层作业更有意义。

4.学习辅导与帮助

针对学习困难的学生，教师要提供个别辅导和帮助，解决他们在学习中遇到的问题和困惑。也可鼓励学生之间形成学习小组，相互帮助、相互学习，通过小组合作的方式，促进不同层次学生之间的交流和互动，提高整体学习效果。教师还要积极与家长沟通，让家长了解孩子的学习情况和分层作业的实施情况。鼓励家长参与孩子的学习过程，共同关注孩子的成长和发展。

5.持续改进与反思

为了保证分层作业的生命力，教师要定期收集学生、家长和教师的反馈意见，了解分层作业的实施效果以及存在的问题和不足。此外，教师还要进行研讨交流，总结分层作业实施过程中的成功经验和做法，形成可复制、可推广的经验。

（五）分层作业案例

| 学科：小学语文 |

"写景主题"习作单元作业设计

南关区东长小学 刘研

一、作业设计理念

部编版小学语文四年级下册第五单元是习作单元，语文要素是"了解课文按一定顺序写景物的方法"，习作要求是"学习按游览的顺序写景物"。学生在三年级和四年级上学期已经初步学习了解过通过观察描写一处景物、介绍一个景点，而按照游览的顺序写景物则是第一次接触，它强调有顺序地写多处景物。本单元作业将以"我是旅行小达人"为任务情境，让学生在情境中结合课文学习"按一定顺序写景物"的方法；通过写游记，继续培养学生描写景物的能力，引导学生观察自然，留心身边的美。

二、设计内容

作业共四个部分，分别为课前导学、课中共学、课后研学、拓展作业。每部分的第一题都是最基础、最需要学生掌握的题，也是学生最得心应手、最有信心完成的题目。之后的题目逐渐提高难度，更需要学生调动思维、联系经验和生活实际来进行解答。

三、设计方法

1. 难度匹配

本次作业的设置有针对一般基础水平的学生的基础题，也有针对知识面更广、理解能力更强、思维更活跃的学生的培优题。语文的学习不只是单纯的练习，而是结合社会生活多方面进行，生活与语文不能分离。

2. 预估时长

书面作业每课时20分钟。

四、实施建议

本次作业的课前导学、课中共学部分分别要求在课前预习和课上学习时完成，100%的学生都可以轻松完成，有助于学生熟悉、理解课文。

课后研学、拓展作业部分的作业内容，引导学生了解课文内容是按照一定的顺序进行描写，落实单元目标。基础作业是信息的提炼，帮助学生梳理脉络。除了考查学生字词识记的基础外，还强调了"按一定的顺序写景物"的方法，帮助学生梳理描写顺序，理清课文的脉络。一道题不再局限于本身的意义，还赋予了单元整体目标，提升了作业学习的价值。

发展提升作业要求学生转变思维，设计不同的游览路线。拓展训练作业是在理清顺序的基础上，引导学生将印象深刻的景物作为重点进行描写，并把特点写清楚。85%的学生可以在完成前几项作业后，了解课文按照一定顺序描写景物的方法，能迁移运用这一方法阅读其他文章，并能依据作业支架，进一步理清思路，按要求完成练笔和习作。其余学生需要降低难度，先从仿写练习入手，感受并学习如何按顺序描写游览路线。

单元综合作业以"我是旅行小达人"为任务情境，让学生在情境中结合课文学习"按一定顺序写景物"的方法；通过写游记，继续培养学生描写景物的能力。大约80%的学生能够轻松应对，正确作答，其余学生依据个人能力要适当选做。

本次作业的设置有针对一般基础水平的学生的基础题，也有针对知识面更广、理解能力更强、思维更活跃的学生的培优题。拓展型作业对个别学生难度还是较大，依据学生的实际完成情况，我会进一步调整作业形式，为学生搭建支架降低难度，让学生更容易理解并完成。

五、设计案例

课时名称：16.海上日出	
作业内容	设计意图
作业一：课前导学 1.熟读课文。 2.读句子，按顺序将拼音写成汉字，写在田字格内。 　　红霞慢慢地在kuò大它的fàn围，太阳nǔ力地向上升，最后跳出海面，一chà那间，太阳发出灿làn亮光。耀眼的太阳光tì周围的黑云xiāng了一道金边，把黑云染成zǐ色或红色。这时，不jǐn是太阳、云和海水，连看日出的人也成了光亮的了。 　　□□□□□□□□□□ **作业二：课中共学** 海上日出的景象是怎样的？作者又是按怎样的顺序写的？ 1.请按课文内容填空，然后读一读。 海上日出　　①转眼间天边出现了_____，慢慢地在扩大它的范围，加强它的亮光。 　　②太阳好像负着重荷似的一步一步，慢慢地努力上升，到了最后，终于冲破了云霞，完全跳出了海面，颜色_____。 　　③果然，过了一会儿，在那个地方出现了太阳的小半边脸，_____，_____。 　　④一刹那间，这个_____的圆东西，忽然发出了_____，射得人眼睛发痛，它旁边的云片也突然有了光彩。 　　⑤有时太阳走进了云堆中，它的光线却从云里射下来，直射到水面上。这时候分不清水和天，只能看见_____。 　　⑥太阳透过黑云的重围，替黑云镶了_____。 　　⑦太阳慢慢地冲出重围，出现在天空，甚至把黑云也染成了_____。 　　⑧太阳、云和海水，连我自己也成了光亮的了。 2.某位同学填写完上面的内容后，有了以下发现。请你对这位同学的发现做出判断，对的打"√"，错的打"×"。 （1）①描写的是日出前的景象。　　　　　　　　（　　　）	要求学生能够掌握本课生字。符合课程标准和四年级的学段要求，适合学生的认知水平，基础知识的积累，看拼音写词语，把字写漂亮。既检测了学生的书写能力，又检查了学生对本课生字词的掌握度。 抓住课内重点内容来分析，帮助学生掌握文本的大意，了解作者描写景物的顺序。

（2）②③④描写的是日出时的景象。　　　　　　（　　）

（3）⑤⑥⑦⑧描写的是有云时的日出的景象。　　　（　　）

（4）《海上日出》是按日出时太阳变化的顺序写的。　（　　）

3.读课文内容，并照样子填空，体会日出时太阳的变化。

　　果然，过了一会儿，在那个地方出现了太阳的小半边脸，红是真红，却没有亮光。太阳好像负着重荷似的一步一步，慢慢地努力上升，到了最后，终于冲破了云霞，完全跳出了海面，颜色红得非常可爱。一刹那间，这个深红的圆东西，忽然发出了夺目的亮光，射得人眼睛发痛，它旁边的云片也突然有了光彩。

（1）表示太阳颜色变化的内容：<u>红是真红</u>　　　　　　　　　　　

（2）表示太阳光亮变化的内容：<u>没有亮光</u>　　　　　　　

（3）表示太阳位置变化的内容：<u>出现小半边脸</u>　<u>努力上升</u>　　　　　

作业三：课后研学

1.基础闯关作业：按要求完成以下习题。

（1）给加点的字选择正确的读音，正确的打"√"。

荷包蛋（hé　hè）　负荷（hé　hè）　荷花（hé　hè）

重荷（hé　hè）　荷兰（hé　hè）　电荷（hé　hè）

（2）与"扩"有关的词，你知道多少呢？请把你知道的写下来吧！（至少3个）

_____

（3）读下面的句子，然后把"[　]"中的内容换成课文中出现过的词语。

①太阳好像[背着][沉重的负担]似的一步一步，慢慢地努力上升。

[　　　][　　　]

②[一瞬间]，这个深红的圆东西，突然发出夺目的亮光。[　　　]

（4）规范书写。

①写一写"镶"字。（书写提示：左窄右宽。右边横的笔画之间的距离要小。）

镶

②抄写下面一段话。（书写提示：字距要比行距小；字的大小基本一致；两边留的空白大致相等。）

主要检测学生对课文的掌握情况，涵盖了基础字词、词语理解、句子练习、对语文知识的掌握情况。

太阳在黑云里放射的光芒，透过黑云的重围，替黑云镶了一道发光的金边。后来太阳才慢慢地冲出重围，出现在天空，甚至把黑云也染成了紫色或者红色。

2.发展提高作业：阅读选文，然后按要求答题。

烟台的海

烟台恰是北面临海，所以便有了一份独特的海上景观。

冬天，深褐色的海面显得很凝重。来自西伯利亚的寒流经常气势汹汹地掠过这片海域。小山似的涌浪像千万头暴怒的狮子，从北边的天际前赴后继、锲而不舍地扑向堤岸，溅起数丈高的浪花，发出雷鸣般的轰响。

春天，海水变得绿莹莹的。微波泛起，一道道白色的浪花，从北面遥远的地平线嬉笑着、追逐着奔向岸边，刚一触摸到岸边的礁石、沙滩，又害羞似的退了回去，然后又扑了上来，像个顽皮的孩子。

夏日烟台的海常常水平如镜，宛如一个恬静、温柔的少女。清晨，太阳像被水冲洗过的红色气球，飘飘悠悠地浮出水面。傍晚，平静的海面倒映着万家灯火，岸边的石凳上坐满了游人，他们脚下，是海浪与堤岸的呢喃细语。

走出夏日的浪漫，烟台的海步入秋的高远。一到立秋这天，海水立刻变得格外湛蓝，天空也显得格外明朗，较之昨日，空气中立刻就有了秋的凉意。<u>告别了冬日的凝重、春日的轻盈、夏日的浪漫，秋天的海平添了几分充实与忙碌</u>，渔家驾船出海了，货轮起锚远航了……

烟台的海，是一幅画，是一道广阔的背景，是一个壮丽的舞台。世世代代的烟台人在这里上演着威武雄壮的话剧。

（选自孙为刚散文集《烟台的海》，有删减）

（1）文章是怎样写烟台的海的？请照样子完成下列思维导图。

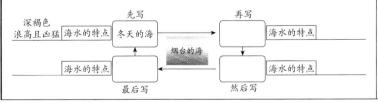

遵循"突出能力，注重运用"的原则，基本能考查学生的语文素养。

课外阅读是小学语文的一项重要考查内容。目的是考查学生读书的习惯、语言的积累、学以致用的能力。能够激发学生课外阅读的兴趣。通过本课的学习，学生能够对所学的知识进行运用。

（2）文中画横线的句子其实是表达作者感受的句子。我们可以这样理解：烟台冬天的海让作者感觉是（　　　　）的；烟台春日的海让作者感觉是（　　　　）的；烟台夏日的海让作者感觉是（　　　　）的；烟台秋天的海让作者感觉是（　　　　）的。

作业四：拓展作业

选做：请选一题，然后按一定的顺序写一写这个地方的景。

题目1：校园一角　　　　　　　　题目2：公园一角

_____

_____

_____

_____

_____

通过按顺序写一处景物的练笔，主要是训练学生对所学知识加以运用，从而提高学生的习作能力，并能够引导学生体会按顺序写景这种方法的好处，激发学生写作的兴趣，认识到按顺序写景的巧妙。

课时名称：17.记金华的双龙洞	
作业内容	设计意图
作业一：课前导学 1.读下面的内容，并根据拼音，将汉字写在括号里。 　　双龙洞位于zhè（　　）江省金华市luó（　　）店镇的北山上。如果春天游金华的双龙洞，一路上可以看见漫山遍野的映山红，途中还有时而宽时而zhǎi（　　）的溪流相伴呢。双龙洞洞口上的山很高，突兀森yù（　　）。外洞大而宽。双龙洞得名的缘由便在于内洞洞顶悬挂着的像龙一样的钟rǔ（　　）石。另外，内洞还有形状变化多duān（　　）、颜色各异的石钟乳和石sǔn（　　）。值得一提的是，内外洞的出入要经过石壁下方的孔隙。孔隙进出的方式很特别。两人并排仰卧在小船上，肩背、tún（　　）部、脚跟都得紧贴船底。这样，小船才能yí（　　）进yí（　　）出。否则，船上的人就会被石壁撞破é（　　）角，擦伤鼻子。 2.根据课文内容，将下面的游览路线图补充完整。	要求学生能够掌握本课生字。符合课程标准和四年级的学段要求，适合学生的认知水平，基础知识的积累，看拼音写词语，把字写漂亮。既检测了学生的书写能力，又检查了学生对本课生字词的掌握度。

路上	→		→		→		→		→	出洞
（美）		（　）		（　）		（　）		（黑、奇）		

按（　　）顺序写景

作业二：课中共学 读下面的内容，然后用"＿＿"画出直接描写孔隙狭小的语句，用"〰〰"画出作者真实感受的语句。 　　虽说是孔隙，可也容得下一只小船进出。怎样小的小船呢？两个人并排仰卧，刚合适，再没法容第三个人，是这样小的小船。船两头都系着绳子，管理处的工人先进内洞，在里边拉绳子，船就进去，在外洞的工人拉另一头的绳子，船就出来。我怀着好奇的心情独个儿仰卧在小船里，自以为从后脑到肩背，到臀部，到脚跟，没有一处不贴着船底了，才说一声"行了"，船就慢慢移动。眼前昏暗了，可是还能感觉左右和上方的山石似乎都在朝我挤压过来。我又感觉要是把头稍微抬起一点儿，准会撞破额角，擦伤鼻子。大约行了二三丈的水程吧，就登陆了。这就到了内洞。 **作业三：课后研学** 1.基础闯关作业：根据课文内容，完成下列练习。 （1）给下列加点的字选择正确的读音，并打"√"。 ① 这里的山相当高，突兀森郁。蜿蜒（wān yán　wǎn yán）盘旋的山路横卧于眼前，山上一簇（cù　zú）簇的油桐花显得格外精神。 ② 汽车在盘曲（qū　qǔ）而上的山路间前行，车厢里循环播放着一首首充满民族风情的歌曲（qū　qǔ）。 ③ 洞内一团漆（qī　xī）黑。借着微弱的灯光，我在洞里转了一转（zhuǎn　zhuàn）。 （2）读一读下面的内容，并在括号内写上合适的词语或汉字。 ①（　　　）读作"dù juān"。这个词即可作花名，也称映山红；又可作鸟名，也称布谷、子规。 ②（　　　）读作"yuán"，本义是水流起头的地方。如：泉（　　）、（　　）头。 （3）选择合适的词语填空，体会用词的准确。 　　蜿蜒　　弯曲 ①长城像一条巨龙在群山峻岭之间（　　　）盘旋。 ②（　　　）的山道两旁开满了各色的野花。 （4）照样子，仿写句子。（二选一） 　　随着山势，溪流时而宽，时而窄，时而缓，时而急，溪声也时时变换调子。（溪流声随山势变化的特点）	抓住课内重点内容来分析，帮助学生掌握文本的大意，了解作者描写景物的顺序。 训练学生抓词理句、品词析句的能力。感受课文语言的精准。 主要检测学生对课文的掌握情况，涵盖了基础字词、词语理解、句子练习、对语文知识的掌握情况。

①_____

（_____的特点）

　　走进去，仿佛到了个大会堂，周围是石壁，头上是高高的石顶，在那里聚集一千或八百人开个会，一定不觉得拥挤。（外洞高大的特点）

②_____

（_____的特点）

2.发展提高作业：阅读短文，然后按要求作答。

　　①去年夏天，我和朋友在松堂住了三日。

　　②出发的前夜，忽然雷雨大作。枕上颇为怅怅，难道天公这么不作美吗？第二天清早，一看却是个大晴天。上了车，一路树木带着宿雨，绿得发亮，地下只有一些水塘，没有一点尘土，行人也不多。又静，又干净。

　　③过了红山头不远，车停下了。两扇大红门紧闭着，门额是国立清华大学西山牧场。拍了一会门，没人出来，我们就只好走旁门。

　　④过了两道小门，真是豁然开朗，别有天地。一眼先是亭亭直上，又刚健又婀娜的白皮松。白皮松不算奇，多得好，你挤着我我挤着你也不算奇，疏得好，要像住宅的院子里，四角上各来上一棵，疏不是？谁爱看？这儿就是院子大得好，就是四方八面都得好。中间便是松堂，原是一座石亭子改造的，这座亭子高大轩敞，对得起那四围的松树，大理石柱，大理石栏杆，都还好好的，白，滑，冷。白皮松没有多少影子，堂中明窗净几，坐下来清清楚楚觉得自己真太小，在这样高的屋顶下。树影子少，可不热，廊下端详那些松树灵秀的姿态，洁白的皮肤，隐隐的一丝儿凉意便袭上心头。

　　⑤堂后一座假山，石头并不好，堆叠得还不算傻瓜。里头藏着个小洞，有神龛、石桌、石凳之类。可是外边看，不仔细看不出，得费点心去发现。后山有座无梁殿，红墙，各色琉璃砖瓦，屋脊上三个瓶子，太阳里古艳照人。山上还残留着些旧碉堡，在阴雨天或斜阳中看最有味。

　　⑥可惜我们来的还不是时候，晚饭后在廊下黑暗里等月亮，松树的长影子阴森森的。好了，月亮上来了，却又让云遮去了一半，老远的躲在树缝里，像个乡下姑娘，羞答答的。

　　（选自朱自清的《松堂游记》，有改动）

遵循"突出能力，注重运用"的原则，基本能考查学生的语文素养、读书的习惯、语言的积累、学以致用的能力。能够激发学生课外阅读的兴趣。通过本课的学习，学生能够对所学的知识进行运用。

（1）作者是按怎样的顺序写的？你是从哪些语句看出来的？请先用"＿＿＿"画出来，然后将下面的路线图补充完整。

路上→（　　　　　）→（　　　　　）→（　　　　　）→（　　　　　）→（　　　　　）→院子

（2）给作者留下深刻印象的景物是在哪里？文中哪处景物的描写最吸引你？请将相关的语句摘抄下来，并说说你的感受。

①给作者留下深刻印象的景物是在＿＿＿＿。

②文中最吸引我的景物描写是：＿＿＿＿＿＿＿＿＿＿＿＿＿＿。

这一处的景物描写让我感受到：＿＿＿＿＿＿＿＿＿＿＿＿。

作业四：拓展作业

你游览过哪个地方？哪一处风景给你留下的印象最深刻？请先在方框内画出你的游览路线图，然后再把最吸引你的那处景物写在横线上。

＿＿＿＿＿＿＿＿＿＿＿＿＿＿　　（　　　　）游览路线图

＿＿＿＿＿＿＿＿＿＿＿＿＿＿

＿＿＿＿＿＿＿＿＿＿＿＿＿＿

通过练笔，主要是训练学生对所学知识加以运用，从而提高学生的习作能力，并能够引导学生运用按顺序写景的方法，为习作做准备。

四、主题作业

（一）主题作业的设计理念

新课程标准倡导跨学科学习，强调学科之间的联系与整合。主题作业可以打破学科界限，以一个主题为核心，融合多个学科的知识和技能，培养学生的综合思维和创新能力。例如，以"环保"为主题的作业，可以涉及语文的写作、科学的环境、美术的绘画等多个学科。

新课程标准强调实践育人，要求学生在实践中学习，提高解决实际问题的能力。主题作业应设计丰富的实践活动，让学生在亲身体验中巩固知识、提升能力。例如，在数学学科中，可以设计"测量校园面积"的实践作业，让学生运用所学的测量知识进行实际操作。

新课程标准尊重学生的个体差异，鼓励因材施教。主题作业可以根据学生的不同水平和兴趣爱好进行分层设计，满足学生的个性化需求。例如，对于语文阅读能力较强的学生，可以布置一些拓展性的阅读作业；对于绘画能力突出的学生，可以在美术作业中给予更多的创作空间。

（二）主题作业的未来发展趋势

1. 智能化应用

随着信息技术的不断发展，智能化工具将在主题作业中得到更广泛的应用。例如，利用在线学习平台、教育 APP 等工具，为学生提供更加丰富的学习资源和互动体验；利用人工智能技术，对学生的作业进行智能批改和分析，为教师提供更加精准的教学反馈。

2. 项目式学习深化

主题作业将与项目式学习更加紧密地结合，以项目为载体，引导学生进行深入的探究和实践。学生在完成项目的过程中，将综合运用多个学科的知识和技能，培养解决实际问题的能力和创新精神。

3. 跨学科融合拓展

未来的主题作业将更加注重跨学科融合的深度和广度。不仅在学科内容上进行融合，还将在教学方法、学习方式等方面进行创新和拓展，培养学生的综合素养和跨学科思维能力。

4. 个性化定制增强

随着教育个性化的发展趋势，主题作业将更加注重学生的个性化需求。通过大数据分析和人工智能技术，为学生提供个性化的作业推荐和定制服务，满足学生的不同学习风格和兴趣爱好。

总之，小学各学科主题作业的设计理念应紧密围绕学生的核心素养培养、跨学科融合、实践能力提升和个性化发展等方面展开。在实际设计过程中，要充分考虑到各种挑战，并采取相应的应对策略，以确保主题作业的质量和效果。同时，要关注主题作业的未来发展趋势，不断引入新的技术和方法，为学生提供更加优质的学习体验。

（三）主题作业的实施建议

1. 主题作业设计要明确目标导向

主题作业的实施过程就是将具体的课程或问题情景化，这也是主题作业有别于其他类型作业设计的首要特征，也正是因为如此，主题作业才在目标导向上表现出不同或者说优势。第一，主题作业应该增强学生的参与感。小学阶段的课程需要对学生进行不同学科的基础性教育，这些教学内容对尚处于世界观、人生观、价值观形成过程中的儿童来说，具有一定的门槛，那么相关主题作业的设计就应该以增强学生的参与感为导向，让学生主动去发现问题、分析问题、解决问题，这样一来，主题作业的目标才能与其实施效果达成一致。第二，主题作业应该以实践为导向。传统作业设计更看重学生对书面知识的掌握，但其死记硬背的弊端也显而易见。小学阶段的主题作业设计应该朝向学生的体验感与获得感，将学生综合能力的提升作为终极诉求，而不是"高分低能"。具体而言，特定情境、特定仪式、特定活动的主题作业设计对培育学生的政治情怀、逻辑能力、语言表达、爱国情感、道德情操具有简单而高效的作用。第三，主题作业倡导提升学生的认知及表达方面的多元化。当前，我国的经济、政治、文化、社会的方方面面都处于飞速发展阶段，教育应该对这种日新月异的情况有积极的回应。小学教育作为个人教育的前期阶段，具有承担学生初始社会化的任务。相应的，主题作业应该鼓励学生从多元化的角度认识所处的社会，并且激发他们对社会不同问题的自主性看法，勇于表达这些看法，让学生从小明白独立思考与相互交流的意义。

2. 主题作业设计遵循的基本流程

总体来说，实施主题作业的基本流程是明确作业的基本目标、调动作业所需资源、确定作业的实施形式、形成作业的系统文本。以道德与法治学科开设的"致敬英雄"一课为例，思考主题作业设计应该如何服务于这一课程，具体如下：首先，应该明确通过这一课程，期待学生从哪些方面提升自己的爱国情感，以及通过何种具体的主题作业形式，帮助学生实现对英雄人物事迹的自主思考。还需要通过主题作业的实施，让学生形成举一反三的能力，促使他们主动发现生活中的平凡英雄。其次，在确定主题作业的基本目标之后，就需要充分调动改作业所需要的资源，这些资源，既应该很好地契合课程主题，也应该形成对课上内容的有益补充。比如，为学生制定阅读清单，鼓励他们更多地搜集英雄故事，并且将掌握的故事在课堂与家庭中进行展示，必要时，还可以使用多媒体设备增加讲述的立体感，还可以邀请家长对学生的表现进行反馈。再次，确定这一主题作业的具体形式，在"致敬英雄"这一课程中，可以通过课堂讲授和主题作业形成完整的教学体系，主题作业可以分为课后阅读、探索发现、整理资料、独立阐述、多方反馈等流程。最后，形成这一课程主题作业的系统文本，这一文本应该具备成熟性、稳定性、可推广性的特点，需要将教学目标、教学效果等指标以量化的方式展示出来，或者以表格、统计图等方式直观呈现。

3. 主题作业要注重后期反馈

在完成主题作业实施流程后，还需要对主题作业所形成的系统材料进行后期反馈，以便提出关于整个流程的优化建议，完善教育教学工作。首先需要检视的是，主题作业客观上有没有有效地提升了学生的创新能力，有没有通过形式多样、丰富立体的作业形式改善了传统作业形式中易出现的问题。其次，应该选择一定的评估方法，对学生通过主题作业所掌握的知识进行考查，验证主题作业是否在结论上实现了比传统作业更好的效果。最后，学科组内应该依据主题作业所形成的系统文本进行讨论、交流与反思，不同班级、不同课程的主题作业应该进行广泛的交流，去伪存真、去粗取精。只有完成对主题作业实施情况的反馈和评估，才能实现一个教育过程的完整闭环。无论何种作业形式，都应该以求真务实为根本，以提升学生创新能力为导向。

（四）主题作业案例

| 学科：小学科学 |

"双减"政策下多样化小学科学作业设计
——以"地球表面的变化"为例

设计者基本信息			
姓名	龚丽娜	联系电话	13578668530
地区	绿园区	学校	长春市第一实验银河小学
年级	五年级	教材版本	教科版

【评价策略】

"双减"背景下，小学科学主题作业的设计一定要有所指向，即明确作业主体和确定作业目标。作业的目标要全面、具体。教师要按照《义务教育科学课程标准（2022年版）》（以下简称"课标"），以及"双减"政策的理念，对作业进行精心研究设计，让学生通过作业就可以"回顾知识、提升技巧、形成优秀习惯、锻炼科学思维"。

在"双减"政策背景下，小学科学作业的设计与评价需更加注重学生的全面发展与个性化需求，旨在通过科学合理的评价策略，促进学生学习兴趣的提升、实践能力的增强以及科学素养的全面发展。"地球表面的变化"的评价策略将围绕以下几个方面展开。

1. 多元化评价体系

构建包括形成性评价、总结性评价和表现性评价在内的多元化评价体系。形成性评价关注学生学习过程中的表现与进步，如课堂参与度、实验操作能力等；总结性评价则侧重于单元或学期末的知识掌握情况；表现性评价则通过项目式学习、科学小论文等形式，评估学生的综合应用能力和创新能力。

2. 过程性评价与结果性评价相结合

重视学生在学习过程中的探索、尝试与反思，鼓励学生积极参与科学探究活动，同时也不忽视对最终学习成果的评估。通过过程性评价，教师可以及时了解学生的学习状态，提供有针对性的指导和反馈；结果性评价则是对学生学习成效的总结与认可。

3. 强调实践与创新

鼓励学生在完成作业的过程中，结合生活实际，进行动手操作、实验探究和创意设计，培养学生的实践能力和创新精神。对具有创意和独特见解的作业，应给予额外的肯定与奖励。

4. 自评与互评相结合

引入学生自评和互评机制，让学生在评价过程中学会反思与批判性思维，增强自我认知与团队协作能力。同时，通过同伴间的相互评价，促进知识的交流与共享。

【教材链接】

"地球表面的变化"选自教科版小学科学五年级上册第二单元，内容涵盖了地球表面的基本特征、地球内部结构、地震与火山的成因及作用、风与水的侵蚀与沉积作用等多个方面。通过本单元的学习，学生将了解地球表面的多样性和动态性，认识自然力量对地球表面形态的影响，培养对自然现象的探究兴趣和科学态度。

单元信息：

基本信息	学科	年级	学期	教材版本	单元名称
	小学科学	五年级	第一学期	教科版	地球表面的变化
单元组织方式	自然单元				
课时信息	序号	课时名称		对应教材内容	
	1	地球的表面		第二单元第一课时	
	2	地球的结构		第二单元第二课时	
	3	地震的成因及作用		第二单元第三课时	
	4	火山喷发的成因及作用		第二单元第四课时	
	5	风的作用		第二单元第五课时	
	6	水的作用		第二单元第六课时	
	7	总结我们的认识		第二单元第七课时	

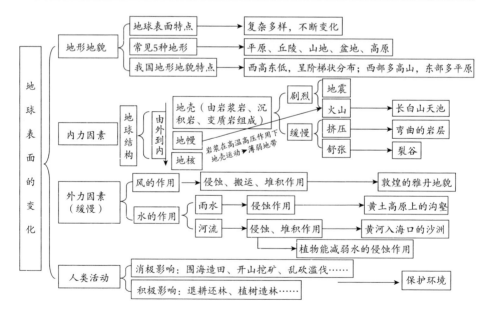

"地球表面的变化"思维导图

【作业设计理念】

在"双减"政策的引领下，"地球表面的变化"作业设计秉持着创新与实践并重的核心理念。我们旨在通过多样化的作业形式，激发学生的探索欲与创造力，让学习不再局限于书本，而是融入生活与自然之中。每一项作业都是一次思维的启迪，引导学生以科学的眼光审视世界，以实践行动理解自然。我们追求的是知识深度与广度的结合，让学生在轻松愉快的氛围中，既巩固了课堂所学知识，又拓宽了视野，还培养了综合能力和科学素养。同时，作业设计还注重个性化与差异化的考量，力求满足不同学生的学习需求，让每位学生都能在适合自己的节奏中成长与进步。

1. 趣味性

设计富有吸引力的作业内容，激发学生的学习兴趣和好奇心，让学生在轻松愉快的氛围中完成学习任务。

2. 实践性

强调动手操作和实验探究，让学生在实践中学习科学知识，掌握科学方法，培养实践能力。

3. 层次性

针对不同层次的学生设计不同难度的作业，确保每位学生都能在适合自己的水平上获得进步和发展。

4. 综合性

将科学知识与社会生活、环境保护等实际问题相结合，培养学生的综合素养和社会责任感。

【作业设计类型】

在我们的教学体系中，作业设计被精心划分为多种类型，以适应不同学习阶段、教学目标及学生发展需求。首先，从主题作业的角度出发，这些作业贯穿整个单元的知识体系，旨在帮助学生系统地回顾与巩固所学内容，促进知识的内化与迁移。主题作业不仅覆盖了单元内的核心知识点，还融入了跨学科整合的元素，鼓励学生运用多领域知识解决复杂问题。

其次，主题作业作为日常教学的重要补充，其设计更加侧重于对当堂教学内容的即时反馈与深化理解。我们注重主题作业的时效性与针对性，确保学生能够及时巩固课堂所学知识，发现并解决学习中的困惑。同时，主题作业也为学生提供了多样化的学习路径，满足不同层次学生的学习需求。

在作业形式上，我们既保留了传统的书面作业，如习题练习、阅读报告等，以培养学生的逻辑思维与书面表达能力；又创新性地引入了实践性作业，如科学实验、社会调查、项目研究等。实践性作业强调学生的动手操作能力与团队协作精神，让学生在实践中发现问题、解决问题，从而加深对知识的理解和应用。此外，我们还积极探索线上作业与线下作业结合的方式，利用现代信息技术手段丰富作业形式，提高作业效率与趣味性。

【作业设计目标】

在"地球表面的变化"的作业设计中，我们设定了多维度的目标，旨在全面促进学生的发展。首先，我们追求知识的巩固与深化，通过设计层次分明的作业任务，帮助学生扎实掌握地球科学的基本概念与原理，同时引导他们深入探索地球表面变化的复杂过程与机制。其次，我们注重能力的培养与提升，作业设计不仅关注学生的认知能力，还着重培养学生的观察能力、分析能力、实践能力和创新思维。通过动手操作、实验探究、案例分析等作业形式，让学生在实践中锻炼能力，提升科学素养。此外，我们还强调情感态度的引导与塑造，通过作业中的情境模拟、价值判断等环节，激发学生对地球科学的兴趣与热爱，培养他们尊重自然、保护环境的情感态度与价值观。最后，我们期望通过这些作业设计目标的实现，为学生的全面发展奠定坚实的基础，使他们成为具有科学素养、创新精神和社会责任感的未来公民。

【作业设计内容】

一、判断题

1. 从地形图上看，地球表面是很平坦的。　　　　　　　　　（　　）

2. 地形图上蓝色的地方主要表示海洋，颜色越深的地方海水越深。
　　　　　　　　　　　　　　　　　　　　　　　　　　　（　　）

3. 观察我国的地形图，可以知道我国地形比较单一，主要以平原为主。
　　　　　　　　　　　　　　　　　　　　　　　　　　　（　　）

4. 我国东部地形以平原为主，多是沉积而成的冲积平原。　（　　）

设计意图：本题设计旨在考查学生对地形图的基本认知能力以及对我国地形特征的理解。通过四道判断题，引导学生观察并理解地形图上的颜色、符号所代表的意义，以及它们如何反映地球表面的实际地形特征。

二、选择题

1.如右图所示，如果把地球比作鸡蛋，鸡蛋的蛋白相当于地球的（   ）。

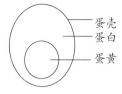
蛋壳
蛋白
蛋黄

A.地壳

B.地幔

C.地核

设计意图：本题通过生动的比喻——"把地球比作鸡蛋"，旨在帮助学生形象理解地球的内部结构。题目要求从鸡蛋的蛋白联想到地球内部的某一层，这种类比方式能够极大地激发学生的兴趣与好奇心，降低对复杂地理概念的理解难度。

2.地震是一种会给人类带来巨大灾难的自然现象，当发生地震时，下列行为中不正确的是（   ）。

A.如果在一楼，就迅速离开房间，跑到空旷的地方

B.如果来不及离开房间就躲藏在牢固的床、桌子等家具下

C.地震发生时，快速跑到窗边，打开窗户大声呼救

3.如右图所示，小科为了研究地震的成因，把一叠纸平放在桌上，然后把手放在纸上，慢慢用力向中间挤压，纸的中间会形成褶皱。这一叠纸代表的是（   ）。

A.土壤

B.岩层

C.地幔

设计意图：通过具体情境考查学生在面对地震这一自然灾害时的应急反应能力。模拟实验用一叠纸代表地球内部的某种结构，在受到挤压时形成褶皱，从而模拟地震时岩层的变化。这样的设计旨在激发学生的学习兴趣，培养他们的观察力和分析能力。

4.形成右图中怪石的主要原因可能是（   ）。

A.风的作用

B.地震

C.火山

设计意图：通过让学生分析怪石形成的主要原

因，可以引导他们思考不同地质作用对地表形态的具体影响，进而加深对地球内外力作用及其表现形式的认识。此外，本题还旨在培养学生的观察能力和逻辑推理能力，通过图片信息推断出地质作用类型，是地理学科素养培养的重要一环。

5. 小明利用土壤做了模拟河流对土地的侵蚀实验。如右图，在水槽的一端用土堆一个斜坡，在中间挖一条宽、深都约为 1 厘米的"河道"，缓坡用装满水的塑料瓶沿"河道"上端慢慢倒入"河道"，水向下流，形成河流。

（1）河道被水侵蚀后，形成的现象最可能的是（　　）。

A. a区域明显变深，c区域无颗粒沉积　　B. b区域明显变深，c区域有颗粒沉积　　C. a区域明显变深，c区域有颗粒沉积

（2）经过长期变化，在 c 区域通常会形成平原地形。c 区域沉积的成分主要是（　　）。

A. 鹅卵石　　　　B. 细沙　　　　C. 大石头

设计意图：本题通过模拟河流对土地的侵蚀实验，旨在让学生直观理解河流侵蚀和沉积作用对地形地貌的影响。通过观察和分析实验现象，学生能够理解河流如何改变地表形态，以及不同区域由于水流速度的差异而形成的不同沉积物。这样的设计不仅培养了学生的观察能力和分析能力，还加深了他们对地理学中河流地貌形成过程的理解。同时，通过选择题的形式，也考查了学生对地理知识的掌握程度和应用能力。

三、材料分析题

活火山，指尚在活动或周期性发生喷发活动的火山。这类火山正处于活动的旺盛时期。如爪哇岛上的默拉皮火山，21世纪以来，平均间隔两三年就要持续喷发一个时期。

死火山，指史前曾发生过喷发，但有史以来一直未活动过的火山。此类火山已丧失了活动能力。有的火山仍保持着完整的火山形态，有的则已遭受风化侵蚀，只剩下残缺不全的火山遗迹。非洲东部的乞力马扎罗山、中国山西大同火山群等均为死火山。

休眠火山，指有史以来曾经喷发过，但长期以来处于相对静止状态的火山。此类火山都保存有完好的火山堆形态，仍具有火山活动能力，或尚不能断定其是否已丧失火山活动能力。

应该说明的是，这三种类型的火山之间没有严格的界限。休眠火山可以复苏，死火山也可以"复活"，它们之间并不是一成不变的。

（1）根据火山活动的情况，可以将火山分为哪几类？

（2）中国长白山天池，曾于1327年和1658年两度喷发，在此之前还有多次活动。虽如今没有发生喷发活动，但从山坡上一些深不可测的喷气孔中不断喷出高温气体，可见该火山属于_____。

设计意图：通过具体实例，让学生理解火山分类的依据以及休眠火山的特征，从而加深他们对火山活动的认识和了解。

四、拓展题

将下列地形地貌形成的主要原因填入表格中。

地形地貌	形成的主要原因
弯曲的岩层	
长白山天池	
敦煌的雅丹地貌	
黄土高原上的沟壑	
黄河入海口的沙洲	

【评价路径】

评价路径作为评估与分析的严谨框架，其重要性不言而喻。首先，该路径构建于坚实的理论基础之上，确保每一步评价都遵循科学的方法论，从而保障了评价结果的客观性与准确性。其次，评价路径的设计充分体现了全面性与系统性的考量。它不仅涵盖了评价对象的各个方面，还注重各因素之间的内在联系与相互作用，从而构建出一个完整、协调的评价体系。这种全方位、多层次的评价方式，有助于我们更加全面、深入地了解评价对象的真实状况。再者，评价路径在实施过程中，强调标准化与规范化的操作流程。通过制定明确的评价标准、采用统一的评价工具与方法，确保了评价过程的公正性与透明度。此外，现代评价方式还注重过程评价，即关注评价对象在过程中的表现与成长，而非仅仅聚焦于最终结果。这种多元化的评价方式，旨在更全面地反映评价对象的真实情况，促进其持续改进与提升。

作业评价表

评价内容	自评	他评	教师评价
基础巩固			
综合应用			
实践拓展			

注：优秀为五颗星，良好为四颗星，一般为三颗星。

五、融合性作业

（一）融合性作业的定义

融合性作业是指在教育教学过程中，通过跨学科的方式来设计学习任务，使学生在完成作业的过程中，综合运用多学科知识与技能，以解决实际问题。这种作业不仅仅停留在知识的记忆和理解上，更强调学生在探究中进行创造性思维的训练。

1.跨学科性

融合性作业通常涉及数学、科学、语言艺术、社会学等多个学科的知识。比如，学生可以开展一个关于"环保"的项目，任务包括调查数据（数学），研究垃圾分类的科学原理（科学），撰写报告（语言艺术）及分析其对社会的影响（社会学）。这种跨学科的设计有助于学生建立知识的联系，从而提升他们的综合素养。

2. 实践性

与传统的书面作业不同，融合性作业强调通过实践操作来强化学习效果。学生不仅需要在课堂上掌握知识，还需要动手进行实验、制作展示材料等。实践环节能够加深他们对知识的理解，使抽象的理论具体化。

3. 情境性

融合性作业往往以真实生活中的问题为背景，让学生在处理实际情况时运用所学知识进行探索实践。这种情境性能够激发学生的学习兴趣，使他们更愿意参与到学习过程中，同时也提高了他们的问题解决能力。

4. 探究性

融合性作业鼓励学生进行自主探究，通过调查、实验、讨论等多种方式来寻找问题的解决方案。这种探究的过程不仅培养了学生的独立思考能力，还提高了他们的团队协作和沟通交流能力。

（二）融合性作业的理论依据

在推动小学学科融合的过程中，我们可以看到多种教育理论为其提供了支持和依据。以下几种理论是理解和实施学科融合的重要基础。

1. 建构主义学习理论

建构主义学习理论认为，学习者在学习过程中不是被动接受知识，而是通过与环境的互动以及与他人的交流来构建自己的知识体系。融合性作业为学生提供了一个丰富的学习情境，鼓励他们主动参与合作学习，使他们能够在实际操作中建构知识体系，形成对学科之间关系的深刻理解。

2. 多元智能理论

霍华德·加德纳的多元智能理论指出，学生拥有多种智能类型，包括语言智能、逻辑数学智能、空间智能、人际智能、自我认识智能等。融合性作业能够促进不同类型智能的发挥，使每个学生都能在自己擅长的领域中展现优势。例如，通过艺术创作来展示科学实验的结果，既培养了艺术智能，也巩固了科学知识。

3. 社会文化理论

维果茨基的社会文化理论强调社会互动和文化背景在学习中的重要性。学科融合作业往往需要小组合作，学生在这一过程中能够通过与同伴的交流和协作共同完成任务，深化对知识的理解。同时，这也培养了他们的社会适应能力和团队意识。

4.STEAM 教育理念

STEAM（科学、技术、工程、艺术和数学）教育理念提倡不同学科的跨界融合，强调创新与实践。随着科技的发展和社会的进步，STEAM 教育被认为是培养学生创新能力的重要途径。通过将科学、技术、工程、艺术和数学有机结合，学生不仅能学习重要的学科知识，还能在实际应用中提升解决复杂问题的能力。

（三）融合性作业实施建议

1. 课程设计整合

在课程设计初期，教师应考虑如何将不同学科的内容进行有机整合。这可以通过主题单元的设计来实现，例如，结合人文地理与科学，围绕"水资源保护"展开一系列的学习活动，包括地理知识的学习、科学实验及相关文献的阅读和写作。

2. 项目式学习

采取项目式学习的方法，让学生围绕一个主题展开跨学科探究。这种学习方式不仅关注学生对知识的掌握程度，更强调学生在解决实际问题时的综合能力。例如，组织一场"校园环保日"活动，鼓励学生通过不同学科的知识来策划、实施和评估这个活动，使他们在实践中学会整合和应用所学知识。

3. 提供丰富的学习资源

为了支持学科融合的实施，教师应根据不同学科的需要提供多样的学习资源，包括图书、实验器材、互联网资源、多媒体材料等，让学生在项目实施过程中可以自由选择和使用，降低学习壁垒，增强他们的学习自主性和探究意愿。

4. 教师专业发展与合作

定期组织教师培训，提高教师对学科融合理念的理解和实施能力。一方面，教师应参与相关的研讨会，与同行分享实践经验；另一方面，可以成立跨学科的教研小组，鼓励教师之间的交流与合作，形成学科融合的教学共同体。

5. 评估与反馈机制

建立科学合理的评估机制，对学生在融合性作业中的表现进行全面评价。

评估应关注知识掌握、技能运用及团队合作等多个方面。同时，教师应及时给予反馈，使学生能够明确改进方向，提升学习质量。

6. 家校合作

鼓励家长参与到学生的学科融合学习中，增强家庭与学校之间的联系。教师可以定期与家长沟通，让家长了解学科融合的目的与意义，同时鼓励家长在家庭环境中为孩子提供支持和资源。

7. 利用技术工具

在数字化时代，技术工具为学科融合提供了新的可能性。教师可利用网络资源、在线协作工具和多媒体技术，激励学生进行更加广泛和深入的学习。比如使用电子白板进行跨学科的交流，或者借助在线项目管理软件，让学生在团队合作中更加高效地推进项目。

（四）融合性作业案例

学科：小学语文

"新课标"理念下实践性作业的创新设计
——以部编版语文教材二年级下册第三单元《中国美食》一课为例

长春市第八十七中学小学部　孙笑　熊丽敏　常凤华

一、设计理念

《义务教育语文课程标准》里提道："语文课程是一门学习语言文字运用的综合性、实践性课程。语言文字的运用，包括生活、工作和学习中的听说读写活动以及文学活动，存在于人类社会的各个领域。"实践性作业是引领学生主动参与社会生活、进行实践学习的一种有效途径。实践性作业首先立足于学生的核心素养的发展，充分发挥语文课程育人功能，体现立德树人的根本任务，发展素质教育。以生活为基础，以语文实践活动为主线，突出语文"实践活动"的重要性。此外，注重课程内容和生活以及其他学科的联系，注重听说读写的整合，增强课程实施的情境性和实践性，促进学习方式变革。让学生走出课堂，走进生活和大自然。在模拟的情境或者实际的情景中展开教学，增强语文的实践性。

部编版教材小学语文二年级下册第三单元《中国美食》一课，是一篇以形声字为主体的归类识字课文。根据课程标准要求，该课旨在让学生在了解美食制作方法的基础上，能认识与美食相关的字词句，并根据汉语言文字中的形声字形旁表义的特点从字源、字理理解字义，理解与美食相关的形声字的建构与运用规律，同时感受中国特有的饮食文化，促进对中国饮食文化的理解和传承。然而，由于教材内容呈现形式单一，教学课时有限，课堂教学更偏向于单纯识字，因此忽视了培养学生主动探究汉字意义的兴趣，对饮食文化的理解也只是流于表层，不够深刻。为解决这些问题，教师围绕培养学生语言建构与运用、文化理解与传承两大语文核心素养，以"学家乡美食 品传统文化"为大概念，进行大概念下的"家乡美食"实践学习探究。

提升学生核心素养的重要要求之一是实践中的合作能力。在实践中获取的知识和经验能更好地帮助学生理解和掌握知识，并将这些知识应用到生活实践中去。

二、设计方法

1. 坚持"生活即学习"理念，基于语文生活设计实践性作业

小学语文作业设计促进学生全面发展功能的实现，需要教师对作业内容进行统整，设计出兼具合理性、科学性和趣味性的作业，这就需要遵循教育为生活与实践服务的理念，基于学生语文生活来设计语文作业。从"生活·实践"教育的角度看，"生活是一种学习，学习是一种更好的生活，学习以生活为中心，生活决定学习"。小学语文作业设计要坚持"生活即学习"的理念，基于课程与教学设计诸要素以及语文学科特性系统地开展作业设计。

2. 秉持"做中学"理念，构建多主体互动的作业实施模式

实践性作业能够充分体现语文课程具有的生活性、综合性、活动性特征，具有作业涉及知识面广、需要学生自己动手操作等特征。从作业实施视角看，这不仅增加了师生开展实践性作业的难度，也提升了教师把控实践性作业的复杂度，这就需要在设计和实施小学语文作业时，秉持"做中学"理念，构建多主体互动的作业实施模式。

第一，基于合作理念构建充分发挥学生主动性的作业实践平台。以"做中学"理念为指导，教师根据语文教材的人文主题、语文要素和文本内容确定实践性作业的设计维度，引导学生对相互关联的实践性作业进行整理，尝试设计需要同伴合作的"长作业"。第二，构建家庭和社会参与的学生作业完成支持系统。实践性作业的设计与实施难度大，需要在充分发挥教师主导作用的基础上，充分发挥学校、家庭、社会的优势和特长，引导不同社会主

体积极参与。例如，学完《只有一个地球》课文后，可以以地球这一人类的"共同家园"为主题布置"长作业"：可以是学生以自己的所见所闻为线索，写作记叙文以记录自己与地球交往的活动；也可以是记录学生做"小小记者"采访路人为环保所做努力的新闻报道；还可以是学生制作"地球"主题的手抄报。这样的作业体现了在观察中学习、在活动中学习，甚至是在玩乐中学习的理念，对于打开学生语文学习所需的空间并促进语文学科核心素养的提升颇有价值。

3. 拓展作业类型，增加创新型语文作业的分量

"双减"政策的推行使得语文教育正在经历一场从知识本位向素养本位的变革。"素养本位"的作业观要求语文作业不仅要帮助学生获得相应知识，还要能有效增进其育人价值。当下的作业设计存在大量的需要学生识记和理解静态知识的书面作业，这不仅不能实现促进学生个体成为一个高素质人的目标，而有可能使其成为一个书呆子。这就需要我们基于学生素养发展的理念设计创新型实践作业，帮助学生实现静态知识向动态知识的转换，助益学生核心素养的提升和创新能力的培养。首先，教师需要突破传统作业设计偏于纸笔性作业的限制，设置具身性作业。小学语文作业的根本目的是学生语文学科素养的增进，虽然有些素养可以通过不断巩固学习的内容达成，但大部分素养不能通过反复的巩固来培育，而是需要学生动手、动口、动脑、动心才能完成的。这样小学语文作业的价值才得以凸显。其次，教师应采用跨学科作业的方式呈现小学语文作业。关注知识之间关联和融通的跨学科作业，克服了原有作业仅仅关注语文学科，甚至只关注语文知识的弊病，有助于学生克服原有的思维固化和偏执的毛病，使学生思维能力和创新精神的提升成为可能。再次，重视和增加设计探索性的作业。探索性作业具有的不要求给出标准答案、不预设结论等特性，决定了这类作业具有引导学生发现语文问题和探究语文生活的便利。例如，六年级下册第五单元口语交际教学中布置辩论题"养成良好风气靠他律还是自律"这一探索性作业，能引导学生在生活中重新感悟语文知识的生产、加工和运用过程，使其在思维的碰撞中产生创新的火花。综上所述，"生活·实践"教育理念特别是其"六大原理"把教育理论具体化为实施策略，落实到教学内容的建构和方法的革新等层面，为我们明晰小学语文作业设计的内在机理并付诸实践提供了学理指引和方法

指导。小学语文作业设计要秉承面向生活、连接世界、开放创新等理念，突出强调语文学科实践的核心地位，将人类世界潜存的语文现象纳入作业内容，并以该实践作为教学手段实现作业设计的模式转变，从而引导学生在社会生活中积极进行语文实践，并切实增进其应对自然和社会挑战所需的语文能力。为此，小学语文作业就成为真正落实"双减"政策的重要抓手，也成为倒逼语文课程改革的重要着力点。

三、实施建议

1. 作业时段"组合式"

实践性作业的设计内容，包括基础性知识和拓展类实践活动两部分。"基础性知识"包含识字巩固、课文内容理解、课内背诵积累，如"阶段一：家乡美食找一找"中，到生活中去寻找家乡美食，如向长辈询问，查找资料、书籍、报刊，也可去饭店、小吃店查看菜谱等，并记录下来。将整理收集到的菜名，做一份特色菜单。（可以图文并茂、中英双语）这些都是基于课文本体学习知识的再巩固。这类作业可以结合课内学习，随机当堂完成。"拓展类实践活动"包含形声字识字方法的迁移运用、同主题文化内涵的探究、相关信息的重组与结构化，这类作业适宜放在课后完成。

2. 作业过程"重体悟"

实践性作业的设计，是基于单元学习重点和人文主题的和谐统一，二者相互交融，彼此促进。在使用过程中，要重视学生学习能力的培养和内在情感的体验。如"阶段二：为家乡美食代言"中，寻找一个有关家乡美食的故事，录制成视频和大家分享；向长辈学做一道家乡美食，从选材、准备、制作过程中亲身体验，学会做一道家乡的美食，并用视频拍摄的方式来展示。这两项作业的二选一，既能培养学生的表达能力，又能根据学生的心理特点开展劳动教育。

3. 作业评价"在阶段"

实践性的作业设计共包括三个阶段、六项活动，虽然各项活动的侧重点不同，但作业形式和编排的方式大致相同。即以活动体验类为主，同一板块内的作业习题在内容上前后衔接，能力上逐渐提升。这样的编排方式，需要教师在学生完成作业的过程中积极参与，把好每一题的过关程度，以此来保证板块内后续作业的有效开展。每一道作业题的完成都是基于前一道作业题正确的基础之上，教师在学生每一项作业完成后都需要及时评价与反馈。

四、设计案例

阶段一：家乡美食找一找

1. 了解：通过视频、资料、书籍等简单了解中华美食、中华八大菜系及代表菜肴，初步了解各民族美食。

2. 搜集：到生活中去寻找家乡美食，如向长辈询问，查找资料、书籍、报刊，也可去饭店、小吃店查看菜谱等，并记录下来。

3. 整理：整理收集到的菜名，做一份特色菜单。（可以图文并茂、中英双语……）

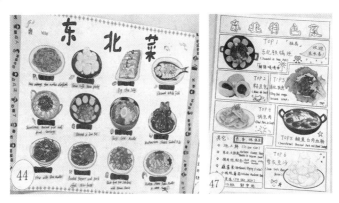

阶段二：为家乡美食代言

请在下面活动中至少任选一项完成。

活动一：说一说

1. 寻找一个有关家乡美食的故事，录制成视频和大家分享。

2. 向长辈学做一道家乡美食，从选材、准备、制作过程中亲身体验，并用视频拍摄的方式来展示。（任选其一）

活动二：画一画

寻找家乡的美食，并了解、学习一种美食的制作方法，用流程图、手抄报的形式画下来。

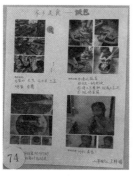

活动三：做一做

用彩泥或其他材料，动手制作一道你最爱的家乡美食，并附一张美食介绍牌。

活动四：尝一尝

把自己学会制作的家乡美食请家人、朋友尝一尝，也可以带到学校和同学分享，用照片的形式记录下来，并把自己参加美食制作的过程、心情或体会，品尝美食人的评价等记录在照片旁边。

阶段三：评家乡美食代言人

假期过后，上交作品，评选各班家乡美食代言人。

各班优秀作品统一展示，由同学们投票，评选家乡美食代言人，并给予表彰和奖励。

学生作品展：

学生投票：

六、前置性作业

前置性作业，作为教学准备的重要环节，对于提高学生的学习效果和兴趣具有重要意义。在小学阶段，前置性作业不仅帮助学生提前了解和掌握即将学习的知识点，还能激发他们的学习兴趣和主动性。

（一）前置性作业的定义与重要性

1.前置性作业的定义

前置性作业是生本教育理念的一个重要表现形式，它指的是在教师正式讲授新课内容之前，让学生根据自己的知识水平和生活经验进行的一种尝试性学习。这种学习方式与传统的课前预习有所不同，它更加注重学习的科学性和趣味性，旨在通过先做后学的方式，让学生对新知识有初步的理解和感受，从而更有目的性地提升课堂学习效率和效果。在进行正式课堂教学之前，教师根据教学目标和学生实际情况，布置给学生一系列学习任务。这些任务旨在帮助学生预习新知识、巩固旧知识、激发学习兴趣、培养自主学习能力等。

2.前置性作业的重要性

在提高课堂效率方面，前置性作业具有以下重要性。第一，减少课堂讲解时间。学生通过前置性作业已经对新知识有了初步的了解，教师在课堂上就无须再花费大量时间进行基础知识的讲解，从而有更多时间进行深入的探讨和拓展。第二，提高课堂互动性。由于学生已经对新课内容有所准备，他们在课堂上更容易提出问题和参与讨论，这有助于增强课堂的互动性，使课堂氛围更加活跃。 第三，精准教学。教师可以通过前置性作业的完成情况，了解学生对新知识的掌握程度和学习难点，从而在课堂上进行有针对性的讲解和辅导，实现精准教学。

在增强学生的学习动力方面，前置性作业中的挑战和探究能够激发学生的学习兴趣和求知欲，使他们在课堂上更加主动地参与学习，提高学习效率。同时，前置性作业鼓励学生独立思考、自主探究，有助于培养他们的自主学习能力和问题解决能力。

（二）前置性作业的设计与实施

1.前置性作业的设计原则

第一，明确教学目标。设计前置性作业时，首先要明确教学目标，确保作业内容与教学目标紧密相关。这有助于学生在完成作业的过程中，有针对性地学习和掌握相关知识。

第二，注重质量而非数量。前置性作业应注重质量而非数量，避免给学生造成过重的学习负担。教师应精选具有代表性的题目，确保每道题目都能达到预期的教学效果。

第三，结合实际生活。将实际生活与学习内容相结合，设计具有实际情景的前置性作业，能够吸引学生的注意力，激发他们的学习兴趣。同时，这也有助于学生将所学知识应用于实际生活中，提高他们的实践能力。

第四，体现层次性。考虑到学生的个体差异，前置性作业应体现层次性，以满足不同学生的学习需求。教师可以设计不同难度的题目，让学生根据自己的实际情况选择完成。

第五，鼓励创新与合作。前置性作业应鼓励学生进行创新思考和合作学习。教师可以设计一些开放性的问题或项目，让学生自主探究、合作交流，培养他们的创新思维和团队协作能力。

2.前置性作业的可操作内容

前置性作业的设计可以包括多个方面，具体如下。

第一，知识准备。学生需要基于自身的知识水平，对新课内容进行初步的了解和学习。这可以包括阅读教材、查阅资料、观看相关视频等，以建立对新知识的基本认识。

第二，实践操作。对于需要动手操作的课程，如科学、数学等，教师可以设计一些前置性的实践活动，让学生在课前进行尝试。例如，在教授物理或化学小实验时，可以让学生先行一步，通过家庭实验或教师指导下的实验室活动，对实验原理和操作过程有初步的了解。

第三，思考探究。为了培养学生的思维能力，教师可以设计一些前置性的思考题或探究题，引导学生对新课内容进行深入的思考和探究。这些问题可以是关于知识点的理解、应用或拓展，旨在激发学生的求知欲和探索欲。

第四，兴趣激发。为了激发学生的学习兴趣，教师可以设计一些与课程内容相关的兴趣作业，如制作模型、排练情景剧等。这些活动可以让学生在轻松愉快的氛围中接触新知识，增强学习的趣味性和吸引力。

3. 前置性作业的实施形式

前置性作业的形式可以多种多样，以满足不同学生的学习需求。以下是一些常见的作业形式：

书面作业：包括阅读教材、完成练习题、撰写学习笔记等。这种形式侧重于学生对知识的理解和记忆。

口头作业：如朗读课文、背诵公式、讲述实验过程等。这种形式可以锻炼学生的口头表达能力和语言组织能力。

实践活动：如前所述的实验操作、手工制作、社会调查等。这些活动可以让学生通过亲身体验来感受和理解知识。

小组合作：为了培养学生的团队合作精神和沟通能力，教师可以设计一些需要小组合作完成的前置性作业。这种形式可以让学生在相互协作中共同进步。

4. 前置性作业的实施策略

第一，提前布置。教师应提前将前置性作业布置给学生，确保他们有足够的时间完成。同时，教师还应明确作业提交的时间和方式，以便及时检查和反馈。

第二，适时指导。在学生完成前置性作业的过程中，教师应适时给予指导和帮助。这包括解答学生的疑问、提供必要的资源和支持等。通过适时指导，教师可以帮助学生克服学习中的困难，提高他们的学习效果。

第三，及时反馈。教师应及时对学生的前置性作业进行批改和反馈。这有助于学生了解自己的学习情况，及时纠正错误并改进学习方法。同时，教师的反馈也是对学生学习成果的一种肯定和鼓励，能够激发他们的学习动力。

第四，展示交流。在课堂上，教师可以安排时间让学生展示自己的前置性作业成果。这不仅可以让学生展示自己的学习成果，还可以促进他们之间的交流和分享。通过展示交流，学生可以相互学习、相互启发，共同提高。

（三）前置性作业的评价功能

前置性作业完成后的质量评估是确保学生预习效果、调整教学策略的重要环节。

1. 自我评估

学生可以进行星级自评。可以借鉴星级作业设计的思路，让学生根据自己的完成情况自主选择星级。例如，将作业分为基础、理解和拓展三个层次，分别对应不同的星级，学生根据自己的掌握程度进行自我评估。

同时，鼓励学生在完成前置性作业后，进行反思和总结，记录自己在预习过程中的收获、疑惑和感悟。这不仅可以帮助学生进行自我评估，还能为课堂交流提供素材。

2. 小组评估

在小组内，学生可以相互展示和评估前置性作业的完成情况。通过讨论和交流，学生可以发现彼此之间的优点和不足，互相学习和借鉴。

同时，小组内可以根据一定的评价标准，对每位成员的前置性作业进行量化评价。例如，可以设置一定的评分标准，从内容理解、问题解答、创新思维等方面进行评价，并给出相应的分数或等级。

小组评估后，组长或教师可以对评估结果进行汇总和反馈，指出学生普遍存在的问题和需要改进的地方，并提供相应的指导和建议。

3. 教师评估

第一，批改与反馈。教师在课前及时批改学生的前置性作业，了解学生的学习情况和存在的问题。批改时，教师应注重发现学生作业的亮点和创新之处，同时指出其不足之处，并给予具体的改进建议。

第二，统计与分析。教师可以通过统计各小组的完成情况、学生的得分情况等信息，分析学生的学习特点和问题所在。这有助于教师调整教学策略，更好地满足学生的学习需求。

第三，课堂展示与评价。在课堂上，教师可以选取部分学生的前置性作业进行展示和评价。这不仅可以激励学生的学习积极性，还能为其他学生提供学习范例和启示。

4. 综合评价

将自我评估、小组评估和教师评估相结合，形成多元化的评价体系。这样可以更全面地了解学生的学习情况，避免单一评价方式的片面性。

同时，根据学生的实际情况和评估结果，教师可以动态调整前置性作业的难度、内容和形式等，以适应学生的学习需求和发展水平。通过评价结果的反馈和激励措施（如表扬、奖励等），激发学生的学习兴趣和积极性，促进他们更好地完成前置性作业和学习任务。

综上所述，前置性作业完成后的质量评估需要综合运用多种方法和手段，确保评价的全面性和准确性。同时，评估结果应及时反馈给学生和教师，以便他们及时调整学习策略和教学策略，提高学习效果和教学质量。

（四）前置性作业案例

学科：小学数学

长方体（一）前置性作业设计

设计者基本信息			
姓名	张瑞	联系电话	13074328408
地区	二道区	学校	长春力旺实验小学
年级	五年级	教材版本	北师大版

前置性作业探究是为了摆脱课堂时间限制，弱化学生能力差异等方面的影响，确保学生独立思考，基于个体课前进行的研究。前置性作业，把常规作业变成一项项可以参与的实践活动或小研究活动，内容包括与新知学习相关的资料收集、小调查、小制作、小研究、操作研究等，充分发挥前置预学作用。通过分析学生的前置性作业，教师可以探明学生的已有经验，了解学生已有的认知基础，准确把握教学的真实起点，从而实施有效教学，为课堂的学习提供认知感悟，建立学习基础，避免零基础参与课堂。问题是教学设计的灵魂，思维是教学活动的灵魂。前置性作业的设计重在优质的问题，以优质问题启引深度思维。

北师大版小学数学五年级下册第二单元"长方体（一）"的内容主要包括：长方体的认识、展开与折叠、长方体的表面积。"长方体（一）"是"图形与几何"中立体图形认识的起始单元。从第一学段对立体图形表面特征的感性认识上升到第二学段对立体图形内部结构的理性认识，是学习上的一次深化；学生的思维从二维转换到三维，在空间观念的发展上是一次质的飞跃。

常见平面图形特征及其周长、面积计算方法为本单元的探索学习提供了知识、经验及方法基础，利于自主迁移的顺利实现。长方体和正方体是最基本的立体图形，通过学习长方体和正方体，可以使学生更好地了解周围的世界，形成初步的空间观念，是进一步学习其他立体图形的基础。

五年级的学生在数学学习上已经具备了一定的基础，特别是在空间与几何领域，他们已经直观认识了长方体、正方体，并学习了长方形、正方形等平面图形以及其周长和面积的计算方法。此外，五年级的学生还具备初步的动手操作能力和强烈的探索求知欲望，这为"长方体（一）"单元的学习提供了良好的条件。然而，学生在立体图形与平面图形之间的转换上可能还缺乏经验，存在认识上的障碍。同时，部分学生可能较难用语言来描述自己想象的立体图形或平面图形，存在语言上的障碍。此外，大多数学生可能还没有养成想象的习惯，这也给学习带来了一定的难度。

本单元的前置性作业设计目标：通过实践操作和观察探索，帮助学生初步认识长方体、正方体的基本特征，了解长方体、正方体的展开图，体验立体图形与平面图形之间的转换；为后续的表面积和体积计算打下基础；激发学生对数学学习的兴趣，培养其动手操作能力和空间想象力。

一、初步感知

实验材料：土豆、刀

实验过程：

（1）用刀把土豆切一刀，用手摸一摸形成的面。

（2）换个方向，用刀再把土豆切一刀，用手摸一摸两个面相交形成的棱。

（3）再换个方向，用刀再把土豆切一刀，用手摸一摸三条棱相交所形成的顶点。

【作业说明：通过切土豆的动手操作活动，学生感知两个面相交形成线（棱），三条线（棱）相交形成点。】

二、整体认识

长方体和正方体是人们在生产、生活中经常遇到的几何图形，一年级我们已经对长方体和正方体有了基本的认识，并且在生活中也经常见到这些形状的物体，如冰箱、洗衣机、魔方、牙膏盒、文具盒、礼品盒⋯⋯

你觉得什么样的图形才是长方体？什么样的图形是正方体？

【作业说明：通过观察生活中的物体，感知长方体和正方体的共同特征。】

三、特征观察

1. 准备一个长方体物体、一条彩带、一盒彩笔，比一比，标一标，写出你的发现。

面的个数及特点：
棱的条数及特点：
顶点的个数：

2.准备一个正方体物体、一条彩带、一盒彩笔，比一比，标一标，写出你的发现。

面的个数及特点：
棱的条数及特点：
顶点的个数：

【作业说明：通过观察、对比和总结，得出长方体、正方体在面、棱、顶点三个方面的特征。】

四、搭建框架

1.你能仿照着长方体的物体，从下面选择合适的小棒搭建一个长方体的框架吗？试试吧。

5cm	8.5cm	5cm
8.5cm	5cm	5cm
2.5cm　　2.5cm	8.5cm	3cm
2.5cm	4.5cm	3cm
8.5cm	2.5cm	5cm
3cm	4.5cm	4.5cm

计算你搭建的长方体框架所需小棒的总长度。

_____

_____

【作业说明：通过选择小棒，动手搭建长方体框架，充分感知长方体的棱长特征，即 12 条棱分为三组，每组 4 根长度相同。在搭建成功之后，学生通过计算所用小棒的总长度，得出长方体棱长的计算方法。】

2. 你能仿照着正方体的物体，从下面选择合适的小棒搭建一个正方体的框架吗？试试吧。

5cm	8.5cm	5cm
8.5cm	5cm	5cm
3cm	8.5cm	3cm	3cm
3cm	5cm	3cm	5cm
8.5cm	5cm	5cm
5cm	3cm	5cm	3cm
5cm	3cm	5cm

计算你搭建的正方体框架所需的小棒的总长度。

_____

_____

【作业说明：通过选择小棒，动手搭建正方体框架，充分感知正方体的棱长特征，即 12 条棱长度都相等。在搭建成功之后，学生通过计算所用小棒的总长度，得出正方体棱长的计算方法。】

五、动手制作

1. 正方体模型及展开图

准备材料：请准备一些硬纸板（或类似的材料）、尺子、剪刀、胶水等工具。

（1）制作正方体模型

测量与规划：首先，确定你想要制作的正方体的棱长。然后，在硬纸板上画出相应的正方形，注意要预留出粘贴的部分。

裁剪与粘贴：使用剪刀将正方形裁剪下来，并按照正方体的结构进行粘贴。可以先制作一个正方体的框架，再制作正方体的面。

检查与调整：制作完成后，检查正方体的各个面是否平整，棱是否直，顶点是否尖锐。如果有需要，可以进行适当的调整。

（2）制作正方体展开图

将你的正方体模型拆开，使每两个面之间有一条棱连接，得到一个平面图形（即展开图）。观察并记录下展开图的形状和各个部分之间的关系。

【作业说明：通过制作正方体模型，感受正方体棱、面的特征，通过制作正方体的展开图，感受立体图形展开成平面图形的过程，为学习正方体的展开图做铺垫。】

2. 长方体模型及表面积

（1）你能仿照着长方体的物体，从下面选择合适的图纸自己动手做一个长方体吗？试试吧。

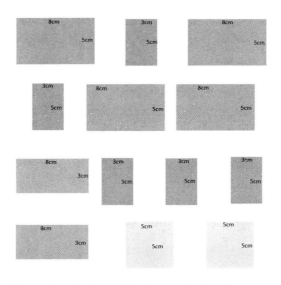

（2）计算你制作的长方体所用长方形的总面积。

【作业说明：通过选择不同的长方形面制作长方体，充分感受长方体面的特征，即相对的面相等。制作完成后，计算所用长方形的总面积，学生初步体会出长方体六个面的面积之和计算方法，为学习长方体的表面积做铺垫。】

在教学长方体和正方体的认识和表面积的计算前，设计这样的前置性作业，既能巩固课前所学知识，又能打通新旧知识间的联系；既能探究长方体和正方体的特征，又能对长方体的长、宽、高等进行认识。这样的作业，不仅增强了学习的趣味性，同时也帮助学生对学习内容进行了有效的认识，还可以锻炼学生的动手实践能力，促进学生从小不断掌握正确的学习方法，使学生的创新思维和探索能力得到发展，为学生的长远发展打下基础。教师在对前置性作业的分析中也可以掌握学生的学情，及时调整教学设计，实施教学，突破重难点，达到教学目标。

精准把握教学目标，精心设计的数学前置性作业，给足了学生思考的时间和探究的空间，培养了学生自主探究能力。有效的前置性作业，让学生更乐于发现、分析及解决数学问题，畏难的情绪得到改善，让课堂参与度和教学效率显著提高。

七、长周期作业

目前，各学科教材中主流的都是短周期作业。短周期作业是对课堂教学的自然延伸和补充，对于学生巩固、理解、掌握和深化课堂所学的知识以及养成良好的学习习惯等具有重要的作用。而长周期作业作为一种新型作业形式，逐渐成为教学中的重要组成部分。它不仅打破了传统作业的短平快模式，还注重知识的连贯性、实践性和综合性，旨在通过长时间的任务驱动，促进学生的全面发展。

（一）长周期作业的设计理念

通常认为长周期作业是围绕一个中心主题、观点、问题或任务，学生在较长一段时间内持续地综合运用相关的知识、技能亲历问题解决的作业过程，完成作业的过程可能持续数日或数周不等。教师在设计长周期作业时，一般从学生经验出发，通过持续连贯的主题任务，促进知识内化、运用和自我建构。

1. 主题性

长周期作业应有明确的主题，通过主题来关联和整合一系列具体学习活动，促进学生的持续学习和发展。主题可以来源于学生发展需求、真实问题或学科重要内容。

2. 长程性

作业实施包含一系列阶段和步骤，学生需完整经历准备、计划、实施、总结、反思的过程，且持续较长一段时间。

3. 生成性

作业实施过程中可能会出现与预设不完全一致的情况，新的目标、新的问题、新的方案在实施过程中不断生成。基于长周期作业的生成性特点，教师需要根据学生完成作业的过程，适当调整与完善作业。如果说主题性、长程性、生成性是所有长周期作业的共同特征，那么情境性、综合性和开放性则是部分长周期作业，如创新实践类、问题解决类、创作类等长周期作业所应该具备的个性特征。

4. 情境性

长周期作业最好始于一个有意义的真实情境，作业内容伴随情境展开，完成作业的过程始终处于情境之中。情境既是作业实施的背景，也是学生理解和完成作业任务的重要参照。

5. 综合性

作业的目标、主题、情境、内容、类型、完成方式、评价方式等都要有一定的包容性和融合度，体现综合性。

6. 开放性

长周期作业在目标内容、任务要求、完成方式和成果形式上极具开放性，目标兼具共性与个性，内容源于生活经验，完成方式灵活多样，成果形式不拘一格。

长周期作业的核心价值在于其能够促使学生将课堂所学知识应用于实际生活情境中，甚至未学先用，旨在通过一系列连续、递进的任务，关注学生的学习过程，实现知识的内化和能力的迁移。

（二）长周期作业的设计原则

1. 明确作业主题

长周期作业的设计必须依托单元主题或中心问题，确保作业内容具有连续性和连贯性。作业主题的选择应贴近学生生活实际，能够激发学生的学习兴趣和探究欲望。同时，主题的设置应具有开放性，能够引发学生的多角度思考和深入探究。

2. 整体设计作业

长周期作业的设计应注重整体性和系统性，包括真实的问题情境、多元的评价量规和阶段性的任务设置。首先，要创设真实、有意义的问题情境，使作业内容与学生生活紧密相连，激发学生的研究兴趣和持久动力。其次，要明确完成作业的具体要求，包括时间节点、成果形式和评价标准等，确保学生能够清晰理解作业要求并有序开展研究。最后，应设计详细的任务单或指导手册，帮助学生分阶段、有步骤地完成作业任务。

3. 强调实践性和探究性

长周期作业的设计应突出实践性和探究性，引导学生在实践中学习、在探究中成长。作业内容应具有一定的挑战性和创造性，能够激发学生的求知欲和探索欲。同时，要鼓励学生开展实验、调查、制作等实践活动，通过亲身经历和体验加深对知识的理解和掌握。此外，还要注重培养学生的创新思维和问题解决能力，鼓励学生在完成作业的过程中提出新的观点和方法。

4. 注重评价和反馈

长周期作业的评价应注重过程性评价和终结性评价相结合，采用多元化的评价方式对学生的作业成果进行全面、客观的评价。评价内容不仅包括学生的知识掌握情况，还应关注学生的学习态度、合作精神和创新能力等方面。同时，要注重评价的激励作用，及时给予学生肯定和鼓励，激发学生的学习兴趣和自信心。此外，还要建立有效的反馈机制，及时向学生反馈作业完成情况和改进建议，帮助学生及时发现问题并加以改进。

（三）长周期作业的实施建议

长周期作业以贴近生活的情境任务来驱动学习，强调学生在完成作业过程中的学习体验，作业设计时尤其需要关注功能、情境、学习支架、实施过程、成果展评等方面。

1. 发挥作业育人功能

教师在设计与实施长周期作业时，应注重发挥其独特的育人功能，情境彰显丰富的育人资源，任务内容调动学生的多感官经验，长程实施促进学生自主能力养成，多样化完成方式和成果形式促进学生创新实践能力发展等。

2. 有效创设作业情境

长周期作业情境需符合学科特征、体现学习要求、贴近学生实际，是学生比较熟悉的、可通过多种方式感知体验的。长周期作业目标的设计可直接给出既定的情境条件，如问题情境、活动情境等。情境设计完成之后，需对照作业目标中的学生特点、内容特征、学习水平等要求反思情境的合理性和适切性。

3. 提供作业完成支架

教师可在充分把握学生学情和情境任务特点的前提下设计多样化、不同水平的学习支架，支架应符合学生的认知特点且合乎任务展开的内在逻辑，支架可以是范例、问题、图表、认知工具等。

4. 收集作业实施数据

教师应注重对长周期作业实施过程的跟进了解，可采用个别访谈、量表评价等传统方式，也可以充分利用信息化手段采集过程性数据，如采集作业实施的阶段性成果、组织在线主题交流讨论、开展在线评估反馈等。重点采集有关学生兴趣态度、作业完成进度、作业实施面临的困难和需求等方面的过程性数据，据此调整改进长周期作业的设计与实施。

5. 注重作业成果展评

在设计成果展评时，教师应为学生提供充分展示结果的机会，允许学生在符合总体要求的情况下以个人青睐的方式展示作业成果，鼓励创造性的表达。其次，教师可提供评价标准和工具，组织学生围绕作业成果进行交流讨论，在充分了解同伴的探究过程、完成思路和成果特点的基础上进行相互评价和自我反思。最后，注重对成果展示方法和要点的指导，促进真正的交流共享，使学生能够相互启发、相互促进。

（四）长周期作业案例

学科：小学数学

年、月、日长周期作业设计

设计者基本信息			
姓名	郭全	联系电话	15044051407
地区	二道区	学校	长春力旺实验小学
年级	三年级	教材版本	北师大版

一、单元分析

"年、月、日"是北师大版小学数学三年级上册的重要内容。旨在让学生认识时间单位年、月、日，掌握平年和闰年，了解24小时计时法等。三年级学生处于具体运算向形式运算过渡阶段，认知发展理论和建构主义理论为教学提供指导。通过观察日历等活动，学生可理解抽象时间单位，自主构建认知体系。

从核心素养培养角度看，本单元能培养学生数感，感受时间长短、顺序和周期性；提升运算能力，掌握时间计算方法和单位换算；锻炼推理能力，判断平年闰年及解决问题；培养应用意识，制作月历和活动安排时间表；激发创新意识，鼓励月历制作和探究活动等创意设计。

课时	课时目标	学习活动	核心素养
1	认识年、月、日，了解其概念。	观察日历，找出不同年份的年历进行对比观察。	数感、观察能力
2	掌握大月、小月的区分。	通过记忆口诀、拳头记忆法等方式区分大月小月。	数感、记忆能力
3	认识平年和闰年。	观察不同年份的二月份天数，总结平年闰年规律。	推理能力、观察能力
4	学会判断平年和闰年的方法。	运用计算等方法判断给定年份是平年还是闰年。	运算能力、推理能力
5	掌握24小时计时法。	对比12小时计时法和24小时计时法，进行转换练习。	数感、运算能力
6	运用24小时计时法表示时间。	描述日常生活中的时间，用24小时计时法表示。	应用意识、数感
7	综合复习年、月、日知识。	制作思维导图，回顾本单元知识点。	归纳总结能力、数感
8	解决与年、月、日相关的实际问题。	完成实际问题的练习，如计算经过时间等。	运算能力、应用意识

在不同版本的课标中，"年、月、日"单元的所属领域有所变化。2011版课标将其归在"数与代数"领域，主要是因为当时侧重于让学生从数的角度理解时间的量化，认识时间单位。而2022版课标将其调整到"综合与实践"领域。一方面，该单元的学习更强调综合性，学生不仅要运用数学知识进行时间计算和判断，还涉及多学科知识和技能。另一方面，突出实践特性，学

生通过长周期作业进行观察记录、探究平闰年、制作月历和设计时间表等实践活动，提高实践能力和创新意识。

二、长周期作业设计目标

1.深度巩固学生对年、月、日知识的理解与掌握，显著提高学生的时间计算能力。

2.精心培育学生的观察、分析和实践能力，充分激发学生对数学的浓厚兴趣。

3.引导学生切实感受时间的重要性，学会科学合理地安排时间。

具体目标对应核心素养及学生学习水平如下表：

具体目标	对应核心素养	学生学习水平
准确认识年、月、日概念及关系，熟练掌握大月小月、平年闰年判断方法与24小时计时法及转换。	数感	优秀：对知识理解深刻，能准确运用并进行拓展。 良好：基本掌握知识，运用时较少出错。 合格：对知识有一定的了解，运用时有一定的错误。 待提高：对知识理解模糊，运用困难。
观察：通过观察日历等活动提升对时间变化的观察敏锐度，能从生活中发现相关现象。	观察能力、数感	优秀：观察细致，能发现很多细节和规律，并能与生活实际联系。 良好：观察较认真，能发现一些规律。 合格：观察一般，能发现少量规律。 待提高：观察不认真，难以发现规律。
计算：提升时间计算及单位换算能力，包括经过时间和日期推算。	运算能力、数感	优秀：计算快速准确，方法多样灵活。 良好：计算基本正确，方法较单一。 合格：计算有一定的正确率，但错误较多。 待提高：无法进行时间计算。
推理：在判断平年闰年和解决问题中培养归纳推理和演绎推理能力。	推理能力	优秀：推理过程清晰，结论准确，能举一反三。 良好：推理过程较清晰，结论基本正确。 合格：有一定推理过程，但不完整，结论不准确。 待提高：没有推理过程。

实践：通过制作月历和设计时间表增强动手实践能力，学会合理安排时间。	应用意识、实践能力	优秀：实践作品有创意，能很好地体现知识运用和时间管理。
		良好：能完成实践任务，有一定的应用意识。
		合格：实践作品质量一般，应用意识不足。
		待提高：无法完成实践任务。
创新：在月历制作和探究活动中鼓励创意设计，培养从不同角度思考问题的能力。	创新意识	优秀：作品独特新颖，探究方法有创新。
		良好：有一定的创意，作品或方法有亮点。
		合格：创意不足，但有尝试创新的意识。
		待提高：没有创新意识。
培养数学学习兴趣，体验数学趣味性和实用性；增强时间观念，知道时间宝贵，学会珍惜时间；促进合作与交流，培养团队合作精神和人际交往能力；提升自我反思和总结能力，不断进步成长。	情感态度价值观、合作意识、反思能力	优秀：学习兴趣浓厚，时间观念强，积极合作交流，善于反思总结。
		良好：有一定的学习兴趣和时间观念，能合作交流和反思。
		合格：学习兴趣和时间观念一般，合作交流和反思能力较弱。
		待提高：缺乏学习兴趣和时间观念，不善于合作交流和反思。

三、长周期作业实施过程

1. 准备阶段（第一周）

主题：开启时间探索之旅。

（1）课堂导入"年、月、日"单元知识，明确学习目标和长周期作业任务。

（2）学生分组，确定小组名称和成员分工。

（3）布置查阅任务，让学生初步了解年、月、日的基本概念以及 24 小时计时法相关内容，为后续作业做准备。

（4）推荐一些关于时间的科普视频，激发学生兴趣。

此阶段旨在培养学生团队合作意识和责任感，为后续学习奠定组织基础。布置查阅任务和观看科普视频，符合建构主义理论中强调学生主动建构知识体系的理念，让学生初步接触年、月、日知识，为深入学习做好准备，同时有助于培养学生数感核心素养。

2. 探索阶段（第二周至第四周）

主题：时间的画卷。

（1）学生制作年历，标注重要节日和自己的重要事件。

（2）小组内交流分享年历的构成和规律，讨论制作过程中遇到的问题和解决方法。

（3）每个小组推选代表在班级中分享年历中的故事。

（4）布置亲子任务：和家长一起回忆家庭中的重要事件，标注在年历上，学生录制视频讲述这些事件和对应的时间。

制作年历并标注重要事件，将抽象的时间概念与实际生活紧密联系，符合情境认知理论，让学生在真实情境中理解和运用知识。小组交流和班级分享活动培养学生合作能力和表达能力，体现核心素养中的交流与合作素养。亲子任务加强家校合作，培养学生情感态度价值观，让学生感受时间的重要性，促进社会性发展。

3. 深化阶段（第五周至第六周）

主题：时间的奥秘。

（1）小组合作创造记忆大小月的方式，可通过儿歌、顺口溜、思维导图等形式展示。

（2）学生自主查阅资料，深入了解平年闰年知识，制作知识卡片。

（3）班级内开展平年闰年知识交流活动，学生分享学习成果和心得体会。

（4）学生制作汇报视频，讲解平年闰年的判断方法和规律。

小组合作创造记忆方式，激发学生创造力和创新思维能力，培养创新意识核心素养。自主查阅资料和制作知识卡片符合自主学习理论，让学生深入理解平年闰年知识，提升信息收集与整理能力。班级交流活动和制作汇报视频锻炼学生表达能力和逻辑思维能力，培养学生综合素养。

4. 实践阶段（第七周至第八周）

主题：时间规划师。

（1）学生制作月历，要求设计精美、内容准确。

（2）进行时间管理挑战，记录和分析自己的时间利用情况。

（3）组织创意绘画或手抄报比赛，展示学生对时间概念的理解。

（4）亲子任务：和家长一起制定家庭周末时间表，用视频记录制定过程和理由，分享合理安排时间的方法。

制作月历和进行时间管理挑战，培养学生实践能力和应用意识核心素养。创意绘画或手抄报比赛激发学生艺术创造力和想象力，促进全面发展。亲子任务加强家庭与学校联系，让学生学会合理安排时间，培养时间观念和责任感，体现社会参与和家庭责任意识。

5.总结阶段（第九周）

主题：时间的收获。

（1）各小组对长周期作业进行总结反思，包括收获、不足和改进措施。

（2）班级举办成果展示活动，展示学生制作的年历、月历、知识卡片、绘画作品、汇报视频等，评选优秀作品和优秀小组。

（3）教师对单元学习和长周期作业进行评价总结，为后续教学提供参考。

总结反思环节培养学生自我评估和反思能力，符合元认知理论，让学生发现优点和不足，为今后的学习提供改进方向。成果展示活动增强学生自信心和成就感，激发学习兴趣和积极性。教师的评价总结为学生提供客观反馈，有助于了解学生学习情况，调整教学策略，提高教学质量。

四、长周期作业实施效果分析

知识掌握方面，学生通过活动深入理解年、月、日及相关知识，制作年历、月历和查阅资料等巩固知识体系。

能力培养方面，体现核心素养培养。观察能力锻炼培养数学抽象素养，以便从年历、月历中抽象出时间规律；计算能力提升体现运算能力素养，提高数学运算的准确性和速度；推理能力培养对应逻辑推理素养，学会合理推理判断；实践能力增强体现数学建模素养，建立模型解决实际问题；创新能力激发对应创新意识素养，展现独特思维和创新精神。

五、长周期作业实施注意事项

合理安排时间确保任务完成；关注个体差异给予指导帮助；亲子任务发挥家长作用避免负担过重；评价量规公正客观，及时反馈激励学生进步。

八、新常规作业

　　常规作业是教师根据学生的学习情况，为了将课堂上所学的知识进行巩固而设计的形式相对固定的作业。设计这些作业，往往是为了让学生达到熟能生巧的学习效果。但是，有时候熟练并不能"生巧"，反而会"生笨""生厌"。学生因为太熟练，容易形成思维定式，在出现新的题型时，不会观察反省。从这个角度看，常规作业可能会让学生形成被动学习的惯性。教师们对于常规作业，往往并不是"设计"，而只是"提出"，大多机械重复罗列题目。因为常规作业往往有可能让学生感觉枯燥，压制学生的个性化表达与创意。如何突破常规作业的困境呢？

（一）新常规作业的设计理念

　　传统作业模式往往侧重于知识点的重复练习，缺乏对学生综合能力和创新思维的培养。新常规作业则通过多样化的设计，旨在打破传统框架，促进学生全面发展。

　　1. 核心素养导向

　　新常规作业的设计理念首先体现在核心素养的导向上。作业设计应聚焦于学生的关键能力、必备品格和价值观念的培养，确保作业内容与学生核心素养的发展紧密相连。

　　2. 多元化与个性化

　　新常规作业注重多元化和个性化的设计，可满足不同学生的学习需求。通过多样化的作业形式和内容，激发学生的学习兴趣，促进其主动学习和探究。

　　3. 实践与创新

　　新常规作业强调实践性和创新性，鼓励学生将所学知识应用于实际生活中，通过解决实际问题培养创新思维和实践能力。

（二）新常规作业的设计原则

1. 目标性原则

作业设计应围绕教学目标进行，关注必备知识基础的夯实与关键能力的培养。作业内容与作业目标应具有高度的相关性。

2. 多样性原则

作业形式应灵活多样，包括基础练习、实验操作、综合性学习等多种类型。这种多样性有助于学生多感官参与学习，提高学习效率。

3. 趣味性原则

作业设计应符合学生年龄和心理特点，生动有趣的作业设计能够激发学生兴趣。通过趣味性的作业设计，让学生在完成作业的过程中产生愉悦的情感体验。

4. 应用性原则

作业设计应关注视野拓宽、体验探究、思维发展和迁移应用能力的培养。通过设计生活中的实际问题，引导学生学以致用，提高其解决实际问题的能力。

（三）新常规作业的实施建议

1. 明确任务目标

在开始作业设计之前，教师应明确任务的目标和要求，确保学生清楚了解作业的目的和评价标准。

2. 制定详细计划

制定详细的作业实施计划，将任务分解成具体的步骤，并为每个步骤设定明确的时间表和优先级，确保作业按时完成并达到预期效果。

3. 有效沟通与协作

在团队作业中，教师应保持与学生的密切沟通，及时了解作业进展和存在的问题，并引导学生共同解决问题。

（四）新常规作业案例

学科：小学科学

蚕的一生新常规作业设计

设计者基本信息			
姓名	郑敏芳	联系电话	19997192290
地区	净月区	学校	华岳学校
年级	三年级	教材版本	教科版

一、评价策略

作业对学生巩固知识、形成能力、培养习惯，以及对教师检测教学效果、精准分析学情、改进教学方法具有重要的价值。作业评价的目的是促进学生发展，让学生明确自己的不足之处和今后的发展方向。课程标准要求评价既要关注学生学习的结果，也要关注学生学习的过程。本课的作业评价紧扣课堂学习的内容和目标，针对不同学生的发展水平和学习的不同阶段，设计不同形式的作业。强调在注重理解和应用的基础上，增加综合性、探究性和创新性作业。采用过程性评价可以及时促进学生的学习和发展，有利于及时反馈、调整和指导学生个体的学习。因此，在作业评价中要采用全程跟踪模式，不断促使学生调整学习目标，实现全程评价，提升其科学素养。

"蚕的一生"一课主要围绕蚕的生命周期展开，蚕的一生经历出生、生长发育、繁殖、死亡四个阶段，学生经过学习知道动物的一生都要经历出生、成长、繁殖、死亡的生命周期。学生经历搜集养蚕资料、养蚕、发现蚕的生命周期等过程。所以评价时组织学生分享蚕宝宝的饲养过程，可以通过养蚕日记、视频、图片、PPT 等方式在班级内展示，特别优秀的成果可在学校内展示，同时评选出"养蚕小能手"。希望通过这个过程让学生互相学习，互相评价，博采众长，在充分感受与他人讨论探究的乐趣的同时，调动了学生学习小学科学的兴趣。学生在这一阶段能充分地感受到养蚕的喜悦，同时又能意识到自己的不足，这不但是一个对蚕结构和习性充分认识的过程，也能让学生感受到生命的神奇。最终把"养蚕"的知识具体化、条理化、系统化。

二、教材链接

三年级下册第二单元第 6 课"蚕的一生"。

三、作业类型

本课作业是通过"小养蚕师奇妙的旅程"活动设计的项目式作业，属于新常规作业，主要包含以下内容：

科学概念作业——针对本课科学实践探究中涉及的重难点知识概念进行作业设计，诊断学生整体学习情况。

实践探究作业——养蚕是一个充满趣味和知识的活动过程，通过养蚕日记、图片、视频等方式进行记录，培养学生养蚕的兴趣，让学生知道蚕生长的必要条件，也便于教师及时对学生养蚕情况进行掌握和指导。

拓展创新作业——将蚕的一生以手抄报的形式体现，培养学生跨学科综合能力、表达能力和沟通能力，达到巩固和拓展所学知识的效果。

四、作业内容

科学概念作业：

1. 蚕的生命周期大约是（　　　　）天。

A.30　　　　　　　B.50　　　　　　　C.70

2. 蚕在吐丝结茧前一共需要蜕皮（　　　　）次。

A.4　　　　　　　B.5　　　　　　　C.6

3. 下列关于蚕吐丝结茧的说话不正确的是（　　　　）。

A. 蚕在吐丝时，头来回摆动是为了寻找可以固定蚕丝的地方

B. 蚕吐丝时需要大量的营养，我们应该多喂一点桑叶

C. 蚕吐丝后，身体变黄变干，被包裹在茧内

4. 蚕的一生经历了_____、_____、_____、_____四个阶段。

参考答案：1.B　2.A　3.B　4.卵　幼虫（蚕）　蛹　成虫（蚕蛾）

【设计意图】以上四道题是关于"动物的一生"单元有关蚕的科学基础知识，通过对蚕每个阶段重点内容的练习巩固，了解蚕的一生与生命丰富的形态变化，理解动物的生命活动和生命周期现象，构建生命周期模型，理解繁殖的意义，感受动物生命过程的丰富多彩。

实践探究作业：

时间：

1. 2024 年 3 月：确定养蚕主题，查阅资料，储备蚕的饲养知识，购买蚕卵。

2. 2024 年 3—5 月：蚕宝宝养殖周期，观察并记录蚕宝宝每个生命阶段的特征，如体长、颜色、进食、运动、排泄、结茧等状况。

3. 2024 年 5 月：成果梳理，通过文字、图片、视频等方式分享饲养经验、收获与成果。

人员：

全体三年级学生。

内容：

序号	时间	地点	活动内容
1	3—5月	科学课	学习养蚕知识，了解蚕的生活习性，学习蚕生命周期每个阶段的特征
2	3—5月	家	观察蚕的生长变化并形成观察记录
3	5月上旬	科学课	通过小组内或班级分享的方式，介绍养蚕过程的经验与收获

【设计意图】通过整个饲养过程有效地培养观察、记录、整理资料、提取有效信息形成结论等能力，引导学生用结构与功能、局部与整体、多样性与共同性相统一的观点认识世界。为了让学生们的养蚕经历变得更有意义，学习像科学家一样分析和看待事物，探索部分活动一安排专门的内容，让学生开个展示交流会。通过回忆自己的养蚕过程及用到的研究方法，来体会蚕一生的生长变化情况。展示自己的养蚕记录表、分享养蚕的经历和心得体会、对蚕生长变化图片进行排序和对蚕的生命周期进行统计，对蚕的零散的认识变得系统化，从整体上对蚕的一生进行了解。

以下为学生观察蚕的图片。

以下为精选学生养蚕过程图片。

蚕卵　　　　　　　　蚁蚕（一龄蚕）　　　　　　　二龄蚕

三龄蚕　　　　　　　　四龄蚕　　　　　　　　五龄蚕

拓展创新作业：

通过观察记录、手抄报、彩泥等形式整理蚕的生命周期，介绍每个生命阶段的特征。

【设计意图】对于孩子来说，图文并茂的手抄报或手工制作类的拓展创新作业不仅能够激发学生的兴趣和想象力，还能够帮助学生拓宽视野、延伸阅读、提高审美水平和动手能力。与传统作业相比，手抄报等更具有趣味性、可塑性和艺术性，是非常适合小学生的素质教育作业。

以下为学生的手抄报作业图片。

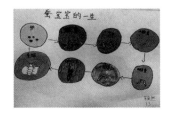

评价路径：

评价内容	自评	同学互评	教师评	综合评价
科学概念作业				
实践探究作业				
拓展创新作业				

【评价标准】

科学概念作业：答对 4 道题得 5 颗星；答对 3 道题得 4 颗星；答对 3 道题及以下得 3 颗星。

实践探究作业：能完成养蚕任务，通过日记、图片等形式清晰地记录下来，并且可以和同学分享自己的养蚕心得，得 5 颗星；能完成养蚕任务，简单记录蚕的变化，得 4 颗星；能完成养蚕任务，得 3 颗星。

拓展创新作业：能用文字、图画等形式完成手抄报或将蚕的一生用彩泥制作出来，得 5 颗星；选择一种形式将蚕的一生完整地表现出来，得 4 颗星；简单地将蚕的一生用观察记录的方式体现出来，得 3 颗星。

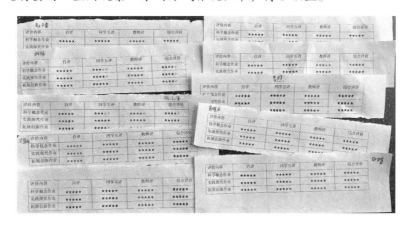

专题三

探索作业改革，凝练实践经验

改革为舵，建设为帆。近年来，长春市教育局擘画区域作业改革蓝图，聚焦高质量作业体系构建，强化高质量内涵，积极探索作业改革的路径和方法，促进"双减"政策的落地。本专题聚焦作业改革，凝练长春地区实践经验，为广大教育工作者提供有益的参考和借鉴，旨在共同推动作业改革在更广泛的范围内深入开展，为教育事业的高质量发展贡献力量。

筑基促提质　激趣增实效

——公主岭市实验小学校作业建设经验做法

公主岭市实验小学校　　王铭鑫
公主岭市教师进修学校　欧宇峰

《教育大辞典》《中国大百科全书·教育》对"作业"是这样定义的：为了达成一定的教学目标，与完成一定的教学和学习任务密切相连的学习活动。毋庸置疑，作业是课堂教学的巩固与延伸，是教师在教学中必须掌握的关键环节。党和国家高度重视义务教育阶段学生的作业问题，各级教育部门对作业问题进行了严格落实。公主岭市实验小学校严格落实国家对作业的要求，积极学习、不断探索、反复实践，结合学校自身实际，在"减负、提质、激趣、增效"的理念下，形成公主岭市实验小学校"三级"作业体系，积极探索作业建设，不断完善作业管理，有效落实"双减"，全面提高教育教学质量。

一、作业设计与实施的目的

教学为教育服务，离不开育人功能。作业设计与实施的出发点和落脚点体现在"立德树人"的根本任务上。

（一）作业设计是在传统教学基础上优化作业内容，更利于巩固知识，更有利于培养学生的学习技能，通过作业设计功能探索实现学生学习能力的途径，注重学生品德修养的提升，让学生养成良好的学习习惯。

（二）在作业设计时要有思想性，要重视基础性作业在教学中的应用，在综合类作业的设计方面不一味地追求为了综合而综合或者为了梯度而梯度。

（三）作业的实施是关键，要认真观察，及时发现问题，有效批改，重视讲评，通过作业的实施促进学生对知识的理解、思维的发展、方法的应用。

二、作业设计与实施遵循的原则

（一）作业建设遵循"育人"原则，巩固基础知识与基本技能，注重发展学生的学习能力，坚持立德树人，养成良好的学习习惯。

（二）作业建设基于"课程标准"，围绕课堂展开、拓展，紧紧抓住教材内容，遵循学生身心发展规律，以核心素养为导向，兼顾学生的群体特点和个体差异，布局合理、难易适度、时间合理。

（三）作业建设继承传统"优势"，以课堂教学开展为依托，课时作业、单元作业、拓展作业目标一致，关注整体、注意知识结构、有梯度。

（四）作业建设增补传统"劣势"，深入开展多元化、实践性作业，构建框架，为学生初步形成跨学科、综合性研究与实践能力打下基础，为学生长周期发展铺路。

三、作业设计与实施的具体做法

"双减"政策的核心是提升教学质量，课堂提质是关键，作业设计是抓手。我们从学校的实际情况出发，梳理课堂，以作业设计中的问题为导向，通过对作业设计与实施的逐步研究，形成了完整的作业管理体系。

（一）构建"三级"作业体系，让作业减量提质，激趣增效

作业的本质是为教师和学生提供相互促进、相互影响的学习活动。作业建设贯穿于讲课前、讲课中和讲课后，引领学生的学习进程，承载学生的思维发展。依据我校课程文化，结合作业设计理念，构建了"公主岭市实验小学校'三级'作业体系"。

1.基于课堂的分层作业

课堂是教学开展的主阵地，围绕课堂教学，教师依据课程标准、教学目标、学情分析，设计适合学生自主学习的课前预习作业、课中练习作业、课后研习作业，让这三段式作业助力课堂教学的有效落实。课前的预习作业为课堂教学开展起到铺垫作用；课堂教学过程中的练习作业推动课堂教学进程；课后的巩固作业，夯实课上基础知识，拓展学生学习能力。这类作业不宜过多、过难，要让学生感觉到轻松，心境舒适更有利于学习的开展与能力的形成。

作业是围绕课堂教学进行的，我们以语文学科为例，为了提升语文学科分层作业的质量，各年级小组通过梳理书后习题、练习册，结合语文教学特

点，着力实现"三夯实"：在基础上，抓住本课教学基础习题，直接应用书后习题和练习册的字词句训练，做到已有的训练不重复，直接应用夯实基础；在教学关键性问题上，利用已有资源突破学习重难点，夯实学生的能力，针对教学过程中的易错知识点，巧妙地设计变式习题，帮助学生走出知识误区；在学习拓展上，在教学过程中由此及彼、由表及里，拓展本课内容，激发学生的探究能力，培养学生的思维，满足部分学有余力的学生，夯实学生思维发展的基础。

教师在进行作业分层前，充分了解学生的学习情况，包括学生的学习基础、应变速度、学习能力、学习态度等方面的差异性。有时候学生的个人习惯、个性特征、家庭因素都可能对学生的学习、作业产生影响，因此对作业分层标准的设定至关重要，要遵循科学性，从多角度、多维度综合考虑，学生的智力与非智力因素也是我们应该关注的。

对于基础一般的学生，布置以字词为主的基础性作业，巩固其基础知识；对于基础较好的学生，在字词作业的基础上，适量增加拓展类作业，以提升其综合应用能力；对于基础优秀的学生，则布置综合类作业，引导他们将课内知识拓展到课外阅读，积累并学以致用。

2.基于单元视角的单元综合作业

如果说传统教学活动中的课时作业是一个个点，那么在核心素养理念下的单元作业就是一条利于培养学生进行知识链接的思维线。在核心素养理念下，我们更提倡单元作业设计，这更有利于教学活动的统筹安排，也更利于检验学生的综合能力。我们在进行以单元为单位的作业设计时，从难易梯度、设计类型、综合培养方面考量，增强作业的整体性、结构性、关联性、递进性。为此，我们努力做到以下几点：

（1）目标的一致性

对于单元作业来说，教师要从单元的整体视角进行设计，统筹安排作业目标和教学目标，二者相辅相成，单元作业内容与教学内容也要相一致，确保作业目标与教学目标都可以充分体现，不出现大的偏差。

（2）设计的科学性

对于学生来说，面对作业是有压力的，我们在进行设计的过程中要做到内容正确、易于学生理解、题目要求明确、答案合理。对于开放性作业，答案设置反映不同学生的需求，要注意设立不同水平的标准。

（3）设计的多样性

对于单元作业来讲，内容体系比较庞大，相对课时作业在量上有所增加，这样需要我们在类型上做文章，实践性、丰富性、跨学科、长周期等综合类作业就需要满足学生不同的需求。

我们再以语文学科为例，进行四个方面的说明。

读：依托统编版小学语文教材内容，根据不同学段精心设计阅读课程。开展全员阅读活动，鼓励亲子共读，引导学生阅读并积累好段，实现一篇带多篇、整本书阅读的目标。

选：根据不同学段语文课堂教学目标的达成情况，设计多样化的作业类型，如读、画、写等。引导学生根据自己的兴趣和喜好自主选择作业，以愉悦的心情完成作业。

延：依据统编版小学语文教材中的单元人文要素和语文要素，设计实践性作业。将作业延伸到学生的生活中，让他们亲近自然，进行延伸拓展，增强作业的实用性和趣味性。

融：将语文与劳动、美术、音乐等学科进行有机融合，设计有层次的项目课程。通过这样的课程设计，提升学生的实践操作能力和综合素养。

3.基于核心素养的实践性作业

不同时期，国家对于教育有着不同的要求，作为基础教育工作者，要紧跟国家的教育走向，做出及时有效的调整。在新课标的引领下，我们开展了基于核心素养的实践性作业探索。在这一作业领域，大致有两个方向是需要我们钻研的。

（1）基于学科特点，围绕某一学科的核心素养而设计的主题实践作业

对于这个类型的作业，我们注重问题情境的设置，尤其是密切联系学生的生活实际，旨在解决真实情境中的问题，让学生通过作业发现问题、分析问题、设计问题解决的方案，直至问题得到解决，完整经历问题解决的过程，注重学生对过程的体验。

我们以科学课为例，在三年级科学课本中，有关于"蚕"的生长过程的课程。而北方学生并没有见过蚕，于是，老师与班主任合作，设计实践性作业，把科学观察与语文观察相结合，做了一个长周期的、跨学科的观察记录活动。

老师在网上购买了一批蚕宝宝，亲自带领学生经历养蚕的过程，通过小组分工把观察、记录等工作分配给学生，他们各司其职，相互合作、定期交流，发现问题与学科老师共同解决，一同完成这样一个长周期作业。教师及时了解、把握学生的情况，根据出现的问题进行适当指导。在开放性的条件下进行，不同的小组有不同的方式，大大激发了学生思维的发散性、灵活性和创造性。作业成果的形式也是丰富的，有报告、有绘画、有视频。作业没有标准答案，我们更多地关注这个实践作业的合理性和参考价值。

（2）基于项目式整合学科资源的跨学科作业

国家对于人才综合能力的培养是非常明确的。在立足学生发展、整合学科资源与多学科融合这些发展方向上，我们刚刚涉足，仍需要进一步探索。这也意味着我们的教育将要从低阶思维逐渐向高阶思维进阶。

在数学和语文融合课上，我们以"田忌赛马"为主题，展开了一场别开生面的学习之旅。在语文课部分，学生们通过阅读相关的历史故事和文学作品，深入了解了田忌赛马的背景和情节。他们分析了故事中的人物形象、情感变化，培养了文学鉴赏和阅读理解能力。而在数学课部分，我们将田忌赛马转化为数学问题。学生们通过排列组合等数学方法，探讨了不同策略的优劣，找出了最优的比赛方案。这不仅锻炼了他们的逻辑思维和数学运算能力，还让他们学会了如何运用数学知识解决实际问题。

（二）构建作业评价体系，让作业精准施力，提质增效

《义务教育课程标准（2022年版）》指出：作业评价是过程性评价的重要组成部分，作业设计是作业评价的关键。可见，作业设计与作业评价是密不可分的整体。作业与评价要融入教学，作为学生学习活动的重要内容进行统筹与考量。

首先，实施自主评价，鼓励学生成为学习的主人。引导学生自评作业，让他们学会发现问题并及时整改完善，从而培养他们的自主学习能力和自我反思能力。

其次，开展生生互评，促进学生相互学习。通过优秀作业展评、同桌互评、小组互评以及小组长点评等方式，让学生学人之长、补己之短，共同完成好作业，培养他们的合作意识和竞争意识。

最后，进行师长评价，激励学生成长。师长应根据学生不同的学习情况

实行分层评价，对成绩优秀的学生提出更高要求，以激发他们的进取心；对成绩中等或一般的学生，适当地降低评价标准，给予他们更多的鼓励和支持，让他们在评价中不断成长和进步。

（三）合理优化作业评价，让作业评价发力，促进发展

在评价时要尊重学生的个体差异，促进每个学生的健康发展。面对客观上存在个体差异的学生，教师在进行作业评价时，也应分层次确定评价方式和评价标准，提出不同的改进与提高的目标。对于不同水平的学生要从实际出发，用不同的标准来进行评价，使不同层次的学生都能获得恰如其分的评价。激励性评价、参与性评价等从不同程度上让学生体验到进步的喜悦，促进学生学习的可持续发展。

（四）严格执行"双减"政策，遵循成长规律，助力学生成长

遵循一、二年级学生回家无纸笔作业的政策，各科教师根据每天的教学内容，依据教材统筹安排实践型作业，三至六年各科教师依据学生当天知识的掌握情况进行作业分层布置，分层作业要体现梯度，注意广度。各科教师做好时间的整合，保证学有余力的同学有提升，学习有困难的同学有进步，让学生获得自信，在轻松愉快的氛围中完成学习任务。

"双减"背景下，教师应当在作业设计这一育人环节中做好教学创新，为学生提供更加有趣、有料且高质量的作业内容。分层教学为教师提供了科学有效的教学思路，能够有效地呵护学生学科兴趣、提高作业有效性以及满足不同学生的成长需求。在开展作业分层设计的实践中，教师需要在充分把握学情的基础上，对作业的难度、形式以及内容进行分层，进而根据不同学生的进步情况做好评价工作，让学生的"学"与教师的"教"更加匹配，从而助力"双减"工作的落地。

（五）构建作业管理体系，让作业路径清晰，提高管理时效

作业的规章制度是学校开展作业管理、教师进行作业应用的基本依据。从政策解读到精细规划，我们充分考虑学校自身实际情况，制定相关的专项管理办法和制度，如《作业分层设计制度》《作业分层布置制度》《作业总量监控和管理制度》《作业调控制度》《作业公示制度》等，并快速投入使用。

1. 实行每周公示制度

各年组和相关学科，利用集体备课时间，提前两周备课，提前一周在电

子班牌中公布每周作业内容和作业时长，作业布置的语句要简洁明了、通俗易懂。每天由班主任调控各科作业总量，对超负荷的作业，班主任有权进行调控。

2. 控制书面作业总量

一、二年级不布置家庭书面作业，三至六年级书面作业平均完成时间不超过 60 分钟。周末、法定节假日、寒暑假也要控制书面作业的时间与总量。此外，学校安排专人监督各年级作业的总量与时长，保证学生的作业不过量、不超时。

3. 提高作业设计质量

教师要提高自主设计作业能力，针对学生的不同情况精准设计作业，根据实际学情精选作业内容，作业难度不得超过国家课程标准要求。各教研组要针对作业设计的教师经常组织开展交流研讨与作业展示活动。

4. 认真批改反馈作业

教师要对布置给学生的作业全批全改，不得要求学生自批自改，强化作业批改与反馈的育人功能。作业批改要正确规范、评语恰当。通过作业精准分析学情，采取集体讲评、个别讲解等方式有针对性地及时反馈，特别要强化对学习有困难学生的辅导和帮扶。

5. 合理规范家庭作业

严禁给家长布置或变相布置作业，严禁要求家长批改作业。引导家长树立正确的教育观念，营造良好的家庭育人氛围，合理安排孩子的课余生活，与学校形成协同育人合力；督促孩子回家后主动完成学校布置的作业，引导孩子从事力所能及的家务劳动，激励孩子坚持进行感兴趣的体育锻炼和社会实践；不额外布置其他家庭作业。

6. 做好常态化督察评估

教导处认真落实每月的教学常规检查，定期检查各班级作业公示情况，重点加强对作业内容及完成方式、作业量合理性的评估，提炼作业设计亮点，对查出的问题及时反馈给教师，定期总结经验，及时加以推广。定期问询，让家长与社会共同参与监督学校的减负工作，共同做好学生作业管理工作，畅通反映问题和意见的渠道，接受社会监督。

四、作业建设与管理的改进思考

作业问题现阶段已经得到重视，但是仍然有诸多的问题存在。对如何设计并实施综合类作业、怎样的批改方式对学生更行之有效、学生的作业分析结果可能揭示哪些问题等的研究还不够深入，有必要进一步深化研究，强化操作，优化管理。

（一）在实施作业建设的过程中，对于突出影响作业应用效果的关键点要进一步研究，但是不必事事求全，要避免空谈。

（二）定期研究教育政策、时代需要、最新成果，并及时将其转化为学校作业要求，以期实现导向作用。

（三）尝试建设学校作业信息化管理，从档案积累、作业设计、作业备案、结果分析、互动交流等方面尝试建设学校作业信息化管理系统，增强管理的便利程度，提高管理效率，提升管理质量。

核心素养导航　多元作业增效

明德小学副校长　安晓波

一、引言

随着《关于进一步减轻义务教育阶段学生作业负担和校外培训负担的意见》的发布，"双减"政策正式实施，标志着教育系统向"素质教育"的转型。长期以来，学生面临繁重的作业和激烈的校外培训竞争，导致家长焦虑、学生压力过大，教育逐渐偏离了育人的根本目标。政策通过"减负增效"，即减少课业负担以提高课堂教学质量，减少无效学习行为，培养学生的自主学习和探究精神。这一政策对教育生态产生了深远影响，要求学校、教师和家长共同努力，为学生提供更优质的教育服务。

在"双减"政策的推动下，明德小学积极响应国家号召，开展了作业设计的探索与创新，在不断地思考、追问、实践、反思中，坚守教育本质的回归，遵循教育的规律；基于儿童的立场，从思想认识与价值引领、课程架构与学生发展、课堂教学方式调整、课堂教学评价的引导四个方面，提出了以"三立三厘"为核心的作业设计策略，围绕课程、课堂和课业"三课"展开改革，严守课堂教学质量关，设计了针对不同学生层次、需求和能力的多元化作业。这一策略通过厘清作业层次、厘出进阶程序、厘顺多元选择，不仅为不同层次的学生提供了个性化的发展路径，还将作业与学生的生活实践相结合，使学生能够在日常生活中运用所学知识，提升自主学习的能力与创新思维。同时，学校倡导作业的趣味性和实践性，推出"无作业日""可爱作业"等多种特色作业形式，并在假期设计了"自助餐式作业"，让学生在轻松愉悦的氛围中学习和成长。这些创新实践不仅提高了学生的学习兴趣，还为学生提供了更加广阔的综合素养提升空间。

二、基于"双减"的作业设计理念与策略

（一）"三去三回归"政策解读

"双减"政策不仅是一项教育政策，更是基础教育的深刻变革，改变应试教育为主导的功利化模式，推动教育回归公益性，保障教育公平，尤其在基础教育阶段，确保公立学校的主体地位。回归素质化意味着作业设计要培养学生的核心素养，而非简单的知识重复。回归理性化则要求教育遵循儿童发展规律，帮助学生形成长期的学习习惯与能力，关注全面发展，落实"立德树人"的教育目标。

（二）"三立三厘"策略

明德小学在实践中提出了"三立三厘"作业设计策略，基于对学生学习规律的深刻理解，围绕学生的差异化发展需求，精心设计作业以提高学生的自主学习能力和综合素养。这一策略不仅帮助学生减轻负担，还为作业设计提供了更具实效性的框架。

1. 立足儿童，厘清作业层次

在作业设计中，明德小学强调"立足儿童"，通过设计每日作业菜单，确保不同层次的学生能够跨越自己的"最近发展区"，即根据学生的个体差异分层设计作业，满足不同水平学生的需求。作业设计不仅仅是知识的重复，而是要帮助学生从巩固基础向深入思考和探索过渡。通过厘清作业层次，作业不再是对所有学生一刀切的统一要求，而是针对学生的个性化发展，帮助他们实现自我突破。

语文学科在设计作业时，通过阅读、写作、故事创作等多样化的作业形式，培养学生的语言运用能力与表达能力，通过自主性作业、趣味性作业等策略，帮助学生提高学习兴趣和语文素养，增强学生的综合能力和思维能力。

2. 立足思维，厘出进阶程序

明德小学通过厘出作业的进阶程序，引导学生从复制型学习向深度学习转变。作业不应只停留在知识的表面运用，而是要通过作业设计培养学生的逻辑思维能力、创新思维能力和解决问题的能力。作业设计逐渐从简单的记忆性、重复性任务，过渡到项目化学习和探究性学习。在数学作业设计中，通过设计生活化、游戏化和实践性作业，让学生将课堂上所学的数学知识应

用到实际生活中，激发他们的学习兴趣，通过多元化和差异化作业设计，能够有效提高学生的数学能力，并激发学生的创造性。这不仅帮助学生巩固了课堂知识，还使他们能够将数学知识运用于实践，进一步提高他们的综合能力。

3. 立足需求，厘顺多元选择

为了满足学生的多样化需求，明德小学设计了丰富的课后作业形式，包括体育锻炼、劳动实践、科技创新、艺术欣赏等多元活动，帮助学生在不同领域全面发展。多元化的作业形式不仅帮助学生提升学科素养，还激发了他们对不同领域的兴趣。通过学校设计的"无作业日"与"可爱作业"这种创新性的作业方式，帮助学生在假期和节日期间通过生活实践、文化活动等多元任务，深入学习和体验。这不仅让学生感受到学习的乐趣，还培养了他们的实践能力与创造力。

通过"三立三厘"策略，明德小学不仅帮助学生减轻了作业负担，还通过科学合理的作业设计提升了学生的核心素养。作业不再只是巩固知识的工具，而是培养学生综合能力和创新思维的重要途径。

三、多维度作业设计的创新实践

（一）"多维并举"与作业质量提升

1. 多维度管理

明德小学在作业设计中提出"多维并举"原则，从作业的数量、质量、类型和评改流程等多个维度进行管理与创新，确保作业设计的科学性和实效性。根据不同年级学生的学业发展水平，学校严格控制作业量，确保大部分学生能够在合理的时间内完成作业，并预留时间进行自主学习或兴趣培养。对于低年级学生，教师注重简化作业形式，确保作业能够在 30 分钟内完成；而高年级的作业则更多结合探究性任务，鼓励学生在规定时间内完成富有挑战性的作业内容。学校在作业设计中打破了传统的重复训练模式，取而代之的是分层次、多样化的作业安排。例如，针对不同学生的学习能力，教师提供了基础性、拓展性和挑战性的作业内容，帮助学生在完成作业的过程中逐步提高学习能力与思维水平。

2. 案例分析

明德小学在实践中，通过不同学科的交叉融合，能够激发学生的学习兴趣并提升其综合能力。学校设计了"可爱作业"系列作业，其中针对语文学科的作业任务，既包含传统的阅读与写作训练，也加入了创意性的作业内容，如角色扮演、诗歌创作和故事讲述。这种创新型作业不仅巩固了学生的语文知识，还极大提高了学生的学习兴趣和参与度。数学作业则通过实践活动与日常生活紧密结合，设计了类似于"中秋节数学作业"的主题活动。在这一作业中，低年级学生通过购物活动学习价格比较，中年级学生通过手工折纸学习几何形状，而高年级学生则通过测量月饼体积和周长等活动，深刻理解数学知识的实际应用。这种学科融合的作业形式，使学生在实际操作中加深了对知识的理解，也培养了他们的实践能力与问题解决能力。

（二）基于"三效"理念采取校本作业设计

1.以"去掉无效、改低效、求高效"为导向的校本作业设计

通过去掉无效作业、改进低效作业、实现高效作业来提升作业的质量与实效性。在这一理念指导下，学校组建了学年备课组，以学年为单位，针对不同学科与学生实际情况，设计了分层次、分步达标的作业方案。这种作业设计方式，避免了无效的机械重复，注重学生的学习兴趣与个性化需求，使作业真正成为学生提升自我能力的工具。校本作业设计以去掉无效为首要目标，即通过科学分析当前作业设计中的问题，剔除那些缺乏实际意义、仅仅为完成任务而设置的作业。低效作业指的是那些虽然有一定的巩固作用，但无法有效提高学生综合能力的作业，通过设计多样化的作业形式，学校对低效作业进行了改进。例如，学校取消了纯粹的重复性抄写作业，代之以创意写作、课本剧表演、主题探讨等互动性强、思维要求高的作业形式。

2.具体实践案例

在日常作业设计中，加强知识点的巩固，激发学生学习兴趣。语文作业不再局限于课文背诵和练习题，而是设计了小练笔、写作思维导图、创意短文等方式，鼓励学生以不同的形式表达对课文的理解与思考。实践作业则更加注重学生的生活体验和动手能力。在数学作业中，教师设计了生活化的实践任务，如测量家中的物体、绘制家庭购物单等，使学生在实际生活中体会到数学知识的应用价值。通过这些实践作业，学生不仅能够巩固课堂所学，还能够将知识与实际生活联系起来，进一步培养其综合能力和创新思维。

四、个性化作业形式的探索与反思

（一）无作业日与可爱作业的实践

1.无作业日的创新模式

在"双减"政策背景下，明德小学提出了"无作业日"这一创新形式，每月最后一个周末，学校建议学生与家长共同完成"五个一"活动：共同读书、参与健身活动、进行家务劳动、培养长期兴趣项目（如音乐、书法、绘画等）并走进大自然。这种活动不仅打破了传统作业的固有模式，还为学生与家长创造了更多的互动时间，促进了家庭之间的情感交流。通过"无作业日"，学生不再局限于课本知识的学习，而是在亲近自然、培养兴趣爱好的过程中，增强了对生活的感悟和思考能力。这种作业形式提升了学生的自主学习能力，培养了健康的生活方式，也让学生能够在轻松的环境中继续发展他们的综合素养。这种灵活的学习模式有效降低了学生的学业焦虑，同时使教育回归本质，助力学生全面成长。

2.可爱作业的创新实践

与传统书面作业不同，"可爱作业"通过设计富有趣味和文化内涵的作业任务，让学生在假期和传统节日期间通过动手实践，融入学科知识和生活经验。例如，在"端午节可爱作业"中，语文学科学生通过收集、描述和书写与端午节相关的习俗，培养了他们对传统文化的理解。低年级学生通过制作生字卡片巩固了拼音和识字，高年级学生则通过绘制阅读思维导图、撰写原创诗歌等方式，进一步拓宽了思维，并整合了多学科知识。这种创新的作业设计有效提高了学生的参与度与学习兴趣，通过让学生亲自参与文化活动，激发了他们的创造力和对传统文化的热爱。这种"可爱作业"形式不仅帮助学生更好地掌握课堂知识，还鼓励了他们的主动性，拓展了其视野和思维能力。

"无作业日"和"可爱作业"不仅为学生提供了多样化的学习体验，还在很大程度上提升了他们的综合素养。通过与生活的紧密结合，学生学会了如何在实践中应用知识，进一步增强了动手能力、创新思维和团队合作精神。学生和家长的反馈表明，这些形式的作业使学生从传统应试教育的枯燥中解脱出来，能够真正享受学习的过程，提升了他们的学习兴趣与自主性。

（二）自助餐式作业与特长展示

"自助餐式作业"是寒暑假期间的一项创新实践，突破了学科界限，鼓励学生根据自己的兴趣和能力选择不同的作业任务。这种作业形式充分发挥了学生的自主性，让学生可以自主安排学习任务，综合运用语文、数学、科学等多学科的知识进行探究和实践。例如，学生可以选择一项与自然科学相关的项目，通过实地考察或实验的方式完成作业，或者设计一篇跨学科的研究报告。这种方式既减轻了作业负担，又鼓励了学生个性化发展。自助餐式作业的最大特点是灵活性，它不仅尊重了学生的兴趣和个性需求，还为学生提供了一个自我展示的机会。学生可以根据自己的喜好选择作业内容，从而培养了他们的自我管理能力和责任感。这种多样化的作业设计不仅促进了学生的学科知识融合，还帮助他们在探究过程中发展了批判性思维和创新能力。

通过自助餐式作业和期末特长展示，明德小学打破了传统作业的限制，极大提升了学生的学习自主性和创新能力。这些实践促进了学生在多个维度上的发展，不仅增强了学生的学科知识储备，也培养了他们的批判性思维、动手能力和团队协作能力。学校的教师和家长普遍反映，学生在完成这些作业时表现出了更高的学习热情，作业的质量和完成度也大大提高。

五、总结与展望

高品质、高效能的育人课堂，必有人类优秀文化对学生生命的激发与浸润，必有教师高尚道德和教学智慧对学生生命的启迪与感召，也必有学生的主体生命动能自觉完成的释放与张扬。"双减"工作的落地使教育真正回归本真，回归教育规律和人才成长规律。虽然明德小学在作业设计方面已经取得了诸多成就，但未来的挑战仍然存在。如何在保证作业质量的同时，进一步优化作业形式，满足不同学生的个性化需求，将是学校需要深入思考的问题。同时，随着科技的发展，如何通过数字化手段为作业设计赋能，利用人工智能和大数据等技术提升作业的个性化和趣味性，也是学校未来需要探索的方向。

"半亩方塘一鉴开，天光云影共徘徊。"明德小学愿与教育同行一道，不断思考、不断探索、不断调整。让作业设计有本有原、有物有则、有滋有味、有声有色！我们将在"减负增效"的同时，致力于学生综合素养的提升，在基础教育提升发展的路上向阳笃行，共赴美好！

立足作业细微处　书写育人大文章

——朝阳区解放大路小学校基于核心素养下的作业改革探索与实践

朝阳区解放大路小学校　曹晶

作业作为教育教学的重要环节，不仅是巩固知识的手段，更是培养学生全面发展、提升核心素养的重要途径。它如同一面镜子，映照出我们知识的掌握程度，更如一座桥梁，引领我们走向更广阔的认知世界。作业也是育人的沃土，通过精心设计的作业内容，我们可以接触到丰富多彩的知识领域，从文学到科学，从历史到艺术，每一份作业都蕴含着育人的深意。它们激发我们的好奇心，培养我们的批判性思维，更在潜移默化中塑造我们的价值观和世界观。

朝阳区解放大路小学校立足作业细微处，积极探索和实践基于核心素养下的作业改革，在区教育局整体思路的指导下，以优化作业管理为发力点，依据"双减"要求，本着"一体两翼"的原则，遵循"五个导向"：问题导向、数据导向、自主发展导向、社会参与导向、知识整体导向，在作业设计上力求从量的培养到质的跃迁，从"我"到"我们"的增值，为学生的成长找准"点"，建好"梁"的路径，从减轻学生负担到形成教育良好生态，力求在每一次作业中都能书写出育人大文章。

一、作业设计的多元化与差异化

学校摒弃了传统作业中机械、重复的弊端，转而注重作业的多元化与差异化。针对不同学科、不同年级、不同学生的特点，教师设计了丰富多彩的作业形式，既有基础性的巩固练习，又有拓展性的探究任务；既有书面作业，又有实践性作业。同时，学校还鼓励教师根据学生的实际情况，布置分层作业，让每个学生都能在适合自己的难度下得到成长。

（一）三连接，三立足

学校教学团队将各学科作业进行融合，让学生在作业中实现"三连接"：复习与巩固相连接、课内与课外知识相连接、预习学习与新知学习相连接，达到三立足：学生视角、学科视野、课程视域。

教师在作业设计中关注内容质量，精选精编，让每个孩子都一步一脚印循序渐进地掌握知识。针对不同学情的孩子，学校教师将作业设计为三个星级，一星（A）为基础书写训练，二星（B）为习题巩固训练，三星（C）为拓展思维训练，学生可以根据自己的能力水平进行选择，最大限度地提高了作业的有效性。

面对班级学生成绩参差不齐的情况，教师布置作业后，可以将教室划分为"完全独立完成区""合作讨论完成区""需要老师手把手指导区"三个学习区，让学生根据自己的情况，选择不同区域来完成作业。这一做法，考虑了学生的差异性，大家各得其所，效果很好。

（二）四个类型，四种效能

作业布置做到"双控"，即控时、控量；作业设计做到"双增"，即增质、增效，关注作业的梯度性和层次性，设计兼具探究性、实践性、开放性，体现"分类＋趣味＋生活＋运用"，实现以生为本、因材施教，既保证作业精准有效，又能保证学生减负减压。四种作业类型梯次提升效能：基础作业，复习巩固；弹性作业，自我提升；分层作业，查缺补漏；实践作业，拓展运用。全面提升了学生的自主观察、善于思考、合作进取、积极探究的效能。

例如：在语文学科教学六年级上册《竹节人》一课之后，教师就做了这样的作业设计。

【必做内容】

1.根据拼音在句子中的括号里填上合适的词语。

暑假，爸爸妈妈带我去艺术馆参观。那里的（　gēn diāo　）造型各具特色，令人稀奇。有的像威风（　lǐn lǐn　）的武士，有的像全身长满（　gē da　）的金刚，有的像趴伏在地上的老虎，有的像手持（　gùn bàng　）的猴子。我们一直看到闭馆，才恋恋不舍地离开。

2.把下列词语补充完整并选择合适的词语把句子补充完整。

（　）头（　）脑　　（　）咤风云　　别出（　）（　）

（　）高一（　）　　（　）巧成拙　　（　）（　）有味

忘（　）（　）以　　全神（　）注　　心（　）意（　）

（1）这位老人在战争年代曾经是一位（　　　　　）的人物。

（2）这（　　　　　）的设计让我们眼前一亮。

以上习题包含了本课需要掌握的生字、词语等内容，我完成起来：
A.很轻松
B.个别字还不太熟，还需要再练写两遍
C.有很多不会的，还需要再复习一下

【选做内容】

1.阅读课文相关内容，写一份《竹节人制作指南及玩儿法说明书》。

小贴士：要想完成这个内容，一定要认真阅读课文中制作竹节人的一部分，并且想一想制作竹节人应该先做什么，再做什么，制作指南要按照制作顺序写清楚。

2.有感情地朗读竹节人给"我们"带来快乐的部分，并填写表格，想一想这一部分是如何表达的。

内容：斗竹节人的乐趣	对应段落：
体现乐趣的词语	
描写方法	
描写角度	
让你感到最有趣的句子	

3.用思维导图的形式写写课文中关于老师的故事。

小贴士：有关老师的故事侧重于叙事，我们要把握住事情的前因后果和细节，通过这个故事我们能看出老师有什么样的性格呢？老师和同学们之间的感情怎样？

【挑战内容】

问一问爷爷奶奶、爸爸妈妈，他们童年时的玩具都有什么，如果没有玩儿过可以认真听家长介绍，再上网进行查找，也可以体验一下传统玩具带来的快乐，并分享给同学们。

设计意图及评价路径：

语文作为一门工具性学科，基本的书面表达与口语表达是学生必须具备的能力，那么书面表达离不开书写。因此，面向全体同学布置的基础性作业是对教材中基础知识的检测，也就是【必做内容】，在完成后有一个自我评价，在评价的同时指导学生根据不同程度的完成情况还需要做哪些补充练习加以巩固。

为了培养学生们从语言文字中提取重要信息的能力以及对知识的迁移能力，培养学生遣词造句的严谨性、科学性、逻辑性、条理性，真真正正地提升语文能力和语文素养，增强语文作业的实效性、趣味性、实用性，在【选做内容】的第一项中设置写一份《竹节人制作指南及玩儿法说明书》，在课上可以进行展示，根据课文内容对同学们所写的《竹节人制作指南及玩儿法说明书》进行交流补充，优秀作品进行展览。

开放性的作业目的在于引发学生的思考，激发学生的创造能力，每一个开放性作业的设计都应该是对学生的一场头脑风暴。开放性作业没有固定统一的答案，甚至可以没有固定的形式，可以是与其他学科相融合的作业。作业设计实践中应对所学内容有指向性，多渠道练说、多形式练读、多角度练写、多层面练设，使全体学生在原有的基础上获得成功的喜悦、激发学生的学习积极性，变苦学为乐学，有利于提高学生的综合素质。因此，在【挑战内容】设计了"问一问爷爷奶奶、爸爸妈妈，他们童年时的玩具都有什么，如果没有玩儿过可以认真听家长介绍，再上网进行查找，也可以体验一下传统玩具带来的快乐，并分享给同学们。"这项作业，让学生和家长参与，更能提高学生做作业的自主性和兴趣。特别是学生自己选择作业，既适合学生个性的需要，又为学生发现问题、思考问题创造了机会。

二、作业内容的生活化与实践性

为了让作业更加贴近学生的生活实际，提高他们的实践能力和解决问题的能力，学校注重将作业内容与学生的日常生活相结合。

（一）五维度设计，五板块推进

学校坚持"五育并举"，从学生实际需求出发，积极探索作业内容和形式，从"培智、健体、练艺、悦动、育德"五个维度设计作业，从文学修养、思维拓展、英语乐园、运动健康、艺术园地五大板块进行推进。

在作业内容上关注拓展知识边界，设计出基于"五育并举"的各领域作业。拓展作业以"自主选择清单"呈现，供学生按需选择。同时，作业内容还拓展到社区义工、亲子时光、家庭书房、体育锻炼、文娱活动、科学探究、家务劳动等个性化"无纸作业"。

在寒暑假及法定节假日把作业定位以综合实践为主。如"行走中的课程"，教师们就紧紧抓住了假期学生们走到大自然、走进名胜古迹、走进商场、超市的契机，布置了安排出行计划、制定购物清单、中秋节书签、绘本故事创编等实践作业，把各学科知识融合在一起，培养了学生的综合能力。学校教学团队在作业设计中还关注到了学生动手实践能力的培养，如：别具特色的"冰雪冬日"实践活动，有扫雪、堆雪人图配文字，有科学小实验报告等。此外，树叶画作业、纸盘画作业、居家劳动作业……在动手实践中，张扬了学生的个性，发挥了学生的特长。

"现在的作业真好玩！"拿起笔，能发现数学的世界可以链接思维；翻开书，可以用连环画加深对故事的阅读理解；走出课堂，能在大自然找到想要的答案……无论是语文、数学、英语，还是音乐、体育、美术等学科，学校都从立足学生需求、激发学生兴趣出发，让作业不再成为学生的"累赘"，而是一份惊喜、一份快乐。孩子们在作业这块"自留地"中深耕和收获，健康快乐成长，实现"减负"与"提质"双赢。

（二）三个系统，三增三减

学校根据学生学习过程的时间维度，建立起三个作业设计系统"学生每天做什么、学生每周做什么、学生每个假期里做什么"，对作业进行分层、分类布置。该系统凸显了学科作业的拓展性，关注到了学生核心素养的提升。

核心素养是学生在接受响应学段教育过程中逐步形成的必备品格和关键能力。体现核心素养的作业更应强调情境性、综合性、开放性和结构性。因此，相较于课时作业，我们把研究重点落在了单元作业的设计，单元的统筹有助于加强同一单元各个课时作业目标、作业内容、作业类型、作业时间、作业难度等的整体统筹分配，让作业有助于发展学生的学科核心素养。

学校还利用课后服务时间，开展形式多样、内容丰富的社团活动供学生选择，在学生菜单式选择社团后，让学生制作完成相应的实践作业，如：艺术、武术、体育、科学、手工、编程、3D打印等多个门类。同时依托长春文化，开发实地调查活动，"乐趣实践手册·家乡探索志"是学校特有的、贯穿整个学期的实践活动，旨在鼓励学生走出课堂，了解家乡的自然、历史、经济、文化、美食等各个方面，让每个学生去实践、去体验、去行走，足迹遍及家乡长春各个角落，欣赏自然风光，了解传说故事，探寻历史遗迹。丰富学生的假期生活，从而在体验中升华，激发热爱家乡的深厚情感，和对美好生活的不懈追求。以至美之行，达至乐之境。此外，学校还充分利用"农博园"实践基地，引导学生分年级分批次走近农作物、对话土地，通过丰富多彩的劳动实践活动，完成不同深度的实践作业。

最终实现"三减三增"，即减少学科作业量、减少教辅材料、减少重复机械性作业；增加教师作业设计教研、增加作业的开放与选择性、增加学生高效作业习惯养成。

三、作业评价的多维化与激励性

作业评价是作业改革中的重要一环。学校摒弃了传统作业评价中单一的分数评价模式，转而注重多维度的综合评价。教师不仅关注学生的作业结果，还关注他们的作业过程、态度和方法；不仅评价他们的知识掌握情况，还评价他们的思维能力、创新能力和实践能力。同时，学校还注重评价的激励性，通过表扬、鼓励等方式激发学生的学习兴趣和自信心。

学校每月进行以班级为单位的学科作业展示及评价，每个假期进行以年级为单位的学科作业展，同时根据学科特点开展书法学科"五个一"活动，即："每天练一练，每周评一评，每月展一展，学期赛一赛，学年选一选"，让作业在展示交流中起到相互学习、相互欣赏、相互促进的目的。特别是邀请家长代表的参与，让家长了解学校教育，了解作业的意义，达到家校共育的目的。

另外学生还可以用积攒的解放"校园币"兑换心愿，换取"一次无作业日"，激发成长的内驱力。通过破解作业管理难题撬动教与学的变革，落实"双减"工作，深化素质教育，实现立德树人。

四、作业改革的成效与展望

经过一系列的改革探索与实践，朝阳区解放大路小学校基于核心素养下的作业改革取得了显著成效。学生的作业负担得到了有效减轻，他们的学习兴趣和自信心得到了显著提升；同时，学生的实践能力、创新能力和综合素质也得到了全面发展。学校迎接了省教育厅督学、长春市教育局、朝阳区纪检监察和教育局的"双减"工作检查指导，并获得好评。在长春市小学作业设计与评价改进活动中，学校被评为了"示范单位"，同时，教师的参评作业设计取得了优异的成绩：语文、数学、英语学科获得一等奖；科学学科获得二等奖。

展望未来，学校将继续深化作业改革，不断优化作业设计和评价方式，在作业设计和实施的过程中，因人而异，满足不同层次学生的需求，通过增加作业效能、增强作业功能，让学生在作业中绽放最美的自己！

"立足作业细微处，书写育人大文章"是朝阳区解放大路小学校基于核心素养下的作业改革探索与实践的真实写照。学校将继续秉承这一理念，不断探索和实践更加科学、有效的作业模式，为学生的全面发展奠定坚实基础。

颠覆学习方式　促进学科融合

——南关区"双减"政策下融合类作业设计的探索与实践

长春市南关区教师进修学校　潘文久

"优化作业"是我们南关区改进教师的教学方式、提高学生学习效率的长线研究项目，从 2010 年开始至今，我们在两轮"课题立项研究"的推动下，经历了"基础性作业优化""我最喜欢的作业""最美作业""说题解意"等不同的研究阶段。在"双减"政策驱动下，我们以此为契机，持续深入研究，到了创新阶段，基于儿童发展立场，颠覆学习方式，突破学科之间的壁垒，促进多学科深度融合，注重学生的生活实践。以下列举我区各个学校各类融合性作业并进行解读。

一、以一个学科目标为主的多学科融合性作业

以一个学科为主，根据学科特点，进行多样有效的作业设计，再将不同学科、不同领域、不同学段的内容、知识、思想、经验、能力，以适合学生发展的方式有主题地有机融合为一体。如游戏、制作、参观、调查、访问、实验、绘画、表演等作业形式，充分调动学生的主动性和创造性，将听、说、读、写与演、唱、画、做等多种形式相结合，让学生的多种感官参与作业的完成，让他们愿意做、喜欢做，做得有效。

（一）树勋小学的"数学日记"作业

这是一项常态化的生活中的数学、语文深度融合的作业。如学生在数学学习立体图形后，在日记中写道："当我从家中向窗外望去，看到了几棵大树后的一所小房子，然而当我下楼再看时，却只能看见个小房子尖。这时我想起了那句话：站得高望得远。我还发现视线不会拐弯，都是直的。这一刻我对大名鼎鼎的苏轼的诗'横看成岭侧成峰，远近高低各不同'有了不同的

感悟。"

在孩子们的数学日记记录过程中，常常与科学学科相融合，培养了学生的多方面能力和素养。如"观察小蜗牛，做好数据记录"这一数学日记，不仅激发了学生学习数学的兴趣，让学生学习到了数学知识，而且培养了学生观察与思考的能力，增长了科学知识。

（二）西四小学的"读写绘"作业

把思维导图、绘画、读书、写作有机联系起来，不仅形式新颖，富有趣味性，而且培养了学生的综合素养。如学习鲸、翠鸟、古诗《山行》、"我身边的植物"等语文学科学习后的"读写绘"作业，让学生用笔书写生活的印迹，用实践记录生活的瞬间，用多维创作代替单一练习。

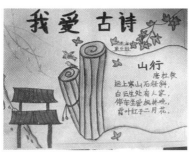

二、基于培养学生能力和习惯的多学科融合性作业或练习

在"长春市幼小衔接攻坚行动"中，东四小学为了培养学生良好的书写技能及习惯，落实"双减"，语文、数学、美术三个学科教师联合设计了"多元训练卡"，供学生校内练习，考虑到学生的身心发展规律，从培养学生的专注力入手，背景网格的设计降低了难度，控笔的练习能很好地纠正孩子错误的握笔姿势，涂色技巧能培养孩子统感能力的发展，整个设计培养了孩子的书写技能、艺术鉴赏、数学思维、几何直观、观察、想象等多种能力，让学生顺利从幼儿园衔接到小学的学习，培养学生兴趣。

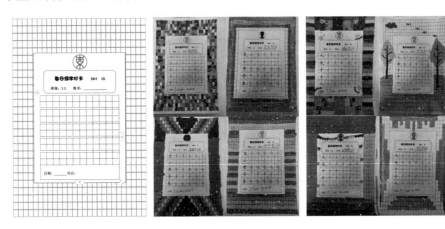

三、基于主题式学习的生活实践性作业

西五小学聚焦中华传统文化和生活实践开展主题式项目研究，组建由道法、心理、语文、美术、数学等学科融合"项目组"，探寻学科间的知识关联，探索集实践性、探究性于一体的融合作业，多维度促进学生全面发展。

如"美食美餐"之创意水果拼盘项目作业教会孩子做最美的自己！查找资料、思考设计、研究探讨、操作实践……这些既丰富了生活实践，也积累了劳动经验，体现了学科融合。同时，孩子们用丰富多彩的形式进行展示，如成语词汇、片段作文、彩图绘本、游戏律动、乐器弹唱、课本剧创编、科学创想等。

四、基于项目式学习、跨学科学习课程相关联的实践性作业

为了减轻学生负担，注重课程统整融合，南关区组织开展项目式学习、跨学科学习等课程实践，在课程开展中过程性作业效果良好。

树勋小学的项目式学习"有趣的测量"，布设了线上作业：怎样测量一粒黄豆体积，并提交了操作视频。

平泉小学从真实生活情境问题出发，开展多学科融合的探究学习，并将学习成果进行公开发布。"我们去北京旅行"的项目式学习，关联了语文、数学等多个学科，学习任务是制作去北京的旅行攻略，通过小组合作学习，展现了多样化的学习成果。

五、全校大型主题节日类全学科融合课程作业

103 中小学部的每年春天都要开展风车节，秋天都要举办秋叶节。学校进行"全学科融合"，开展研究性学习。这是秋叶节作业，架构以 logo 设计、标本制作、手工制作、摄影作品等融合课程优化作业体系，我们让树叶进入语文课堂，便成了隽永诗行的写作对象；我们让树叶走进数学课堂，便成了丈量运算的计算对象；我们让树叶进入科学课堂，便成了气候变换的感知对象……

多种多样的融合类作业形式，增加了学生个性化发展的时间和空间，为学生的个性化成长提供了自主选择的主动权，南关区会继续前行，加强与兄弟区县和学校交流，深度挖掘作业职能，减轻学生负担，为做符合儿童发展规律的生态教育而努力。

"双减"背景下区域高质量作业管理体系的建构

净月高新技术产业开发区教育科研中心　赵金姣

一、背景分析

"双减"政策是当前教育改革的重要举措之一。随着社会的发展和对人才需求的变化，传统的教育模式和作业方式面临挑战。建构高质量作业管理体系是顺应教育改革趋势的必然选择，有助于打破应试教育的束缚，推动素质教育的深入实施。通过建立健全作业管理体系，可以有效减轻学生过重的作业负担，促进学生的个性化发展，提升教师的专业素养，培养适应未来社会的人才，缓解家长的教育焦虑，推动教育事业的高质量发展。净月高新技术产业开发区（以下简称"净月区"）教育局深刻认识到建构高质量作业管理体系的重大意义，以高度的责任感和使命感，积极推进高质量作业管理体系的建构，为学生的成长、教师的进步和社会的发展贡献力量。

二、作业管理体系建构

（一）健全机制，细化管理

1. 建立区域作业管理制度

净月区教育局大力加强作业管理工作，净月区教育科研中心研究出台了《净月高新区教学质量目标管理规程》，全面压减作业总量和时长，减轻学生过重作业负担，指导学校建设校本化作业体系，努力实现"教—练—考—评"一致。

2. 健全学校作业管理机制

各学校按照"一校一案"落实作业管理的主体责任，健全了以校长为第一责任人的作业管理机制，全面重构学校的作业管理制度、学校课堂教学结构和课后服务管理制度，加强作业的全过程管理，提升作业育人功能和学校教育教学质量。各学校加强作业管理闭环，完善了作业管理细则，建立了作业校内公示制度、作业"面批面改"及时反馈制度，实行作业总量审核监管和质量定期评价制度，部分学校把作业设计、批改、指导和反馈情况纳入对教师专业素养和教学实绩的综合考核评价。

（二）作业改革，提质增效

《教育部办公厅关于加强义务教育学校作业管理的通知》明确指出"提高作业设计质量"，这一要求对于提升义务教育质量、减轻学生过重课业负担、促进学生全面发展具有至关重要的意义。传统的作业模式在一定程度上存在着形式单一、内容机械、缺乏针对性等问题，难以满足学生多样化的学习需求和现代教育的发展要求。因此，进行作业改革，实现提质增效，成为教育改革的一项重要任务。

1. 以培促研，使作业变革有深度

（1）教研与学校协同培训

净月高新区教育科研中心注重发挥自身的引领作用，组织开展了教研层面和学校层面的双层培训活动。在教研培训中，聚焦作业设计的前沿理念、方法和实践案例，通过专家讲座、经验分享、小组研讨等形式，为教研员们提供深入学习和交流的平台，使其能够更好地指导学校的作业改革工作。

同时，在学校培训层面，针对一线教师的实际需求，开展了一系列具有针对性的培训活动。包括解读"双减"政策对作业管理的具体要求、分享优秀作业设计案例、探讨作业批改与反馈的有效方式等，旨在提升教师在日常教学中对作业设计与管理的实际操作能力。

（2）借助优势资源开展顶层培训

净月高新区充分利用自身作为全国教改实验区的优势，积极争取中国教育学会的支持，邀请上海教研室的王月芬主任开展了"课程视域下的中小学作业设计"主题培训。王月芬主任在培训中，从宏观的课程视域角度出发，深入剖析了中小学作业设计的本质与内涵。她引导教师们不仅仅要将作业视为课堂教学的简单延伸，而是要将其置于整个课程体系中进行思考和设计。王月芬主任指出作业系统是作业设计、布置、批改展评、统计分析和讲评辅导的闭环，并着重讲解作业的关键要素，为教师们提供切实可行的单元作业设计与实施策略。

（3）以专业书籍为依托聚焦底层培训

净月教育科研中心以《重构作业》和《学科作业体系设计指引》两本专业书籍为抓手，组织教师开展底层培训。这两本书涵盖了单元作业设计的理论基础、实践策略以及学科作业体系的构建方法等丰富内容。在培训过程中，教师们通过对书籍的深入学习，全面理解了单元作业设计的内涵与理念。认识到单元作业设计不仅仅是知识点的简单堆砌，而是要围绕一个主题或单元目标，整合相关的知识与技能，设计具有系统性和连贯性的作业任务。通过这些学习和培训，教师们能够将理论知识转化为实际操作能力，为学生的成长和发展提供更加科学、合理、优质的作业支持，助力学生在知识的海洋中畅游，实现全面发展。

2.试点先行，使作业变革有速度

在各级各类专业培训中，教师们接触到最新的教育理念、教学方法和作业设计思路，拓宽视野，更新观念。积极开展教学研究，将所学知识与教学实践相结合，探索适合学生特点和学科要求的作业设计与实施策略。

（1）选择试点学校

在作业变革过程中，精心挑选具有代表性的学校或年级组进行试点，推行单元作业的设计与实施。如小学语文学科选择净月南环小学和净月区明泽学校；小学数学学科选择净月区华岳学校、明泽学校等。这些学校在教学资源、师资力量、学生特点等方面具有一定的代表性，能够为作业变革的实践提供多样化的样本和经验。

（2）发现与解决问题

试点学校在作业推进改革中积极实践，及时发现问题。例如，发现作业目标不清晰导致作业内容与学生实际需求脱节，或者作业形式过于单一影响学生的积极性等问题。针对这些问题，学校进行深入分析和研究，采取相应的解决措施。如调整作业难度、增加作业形式的多样性等。

（3）总结推广经验

试点学校注重对成功经验的总结和提炼，包括单元作业设计流程的优化、单元作业指导方法的创新、单元作业评价体系的建立等方面。这些经验将为作业变革在全区的全面推广提供有力依据，推动其他学校借鉴和应用，实现作业变革的快速、广泛推进。

3.以赛促研，使作业变革有效度

在"双减"政策全面实施的宏大背景下，以赛促研作为一种富有成效的方式应运而生，为推动作业变革注入了强大动力，切实提升了作业变革的效度，助力教育教学质量的提升。

净月区积极响应教育改革的号召，先后依托上级单位的相关资源和平台，精心组织各类与作业设计相关的比赛活动。在这些比赛过程中，教师们充分发挥自己的专业素养和创新能力，精心设计出了形式多样、富有创意的作业方案。在作业设计理念方面，教师们实现了重大转变。从传统的单纯注重知识巩固，逐步向注重能力培养、思维发展和素养提升转变。例如，设计单元作业，教师以更宏观的视角审视教学内容；设计开放性问题，激发学生的创新思维和批判性思维；安排小组合作作业，提升学生的团队协作能力和沟通能力；设置实践操作作业，锻炼学生的动手能力和解决实际问题的能力。通过这些努力，使作业更加贴合学生的认知规律和发展特点，为学生提供了更优质、更有效的学习支持，促进学生在知识掌握和综合素质提升方面实现双丰收，推动了教育教学向更高质量、更具内涵的方向发展。

（三）建立机制，评价指引

1.健全作业管理督导评价机制

净月区教育局督学办公室高度重视作业管理工作，将其列为学校办学水平评估、规范办学行为检查以及责任督学日常监管的关键内容。通过定期开展专项督导工作，全面、深入地了解学校在作业管理方面的实际情况。在督导过程中，依据科学、合理的评估标准，对学校的作业管理制度建设、作业量控制、作业质量保障等方面进行细致评估。并且将作业管理情况纳入年度目标考核体系，以此激励学校不断加强和完善作业管理工作，提高办学质量和水平，确保学校在作业管理方面符合教育教学规律和学生成长发展需求，为学生营造良好的学习环境。

2.建立作业抽查评估工作机制

净月区教育科研中心充分发挥其专业引领作用，将作业设计与实施作为常规调研视导的重点内容之一。通过定时到校开展集体视导等方式，全面了解学校作业管理的实际状况。在视导和巡视过程中，对学校作业公示的规范性、课堂作业的合理性、课后服务作业时长及完成情况的科学性、随机抽查作业设计的质量和批改反馈的及时性，以及随机访谈师生家长所反映的情况等进行综合考量，并将这些情况纳入学校常规管理评估考核体系，促使学校更加重视作业管理的各个环节，不断优化作业设计与实施流程，提高作业管理的精细化水平，为学生提供更加优质、高效的作业服务。

3. 建立作业实施情况评价机制

各学校积极响应教育改革要求，将作业设计、实施能力与命题能力以及家校共育指导能力作为评价教师教育教学能力的重要组成部分。在评价过程中，注重对教师作业设计的创新性、科学性和针对性进行评估，看其是否能够根据教学目标和学生实际情况设计出符合学生认知规律和发展需求的作业；同时关注教师对作业的批改和反馈情况，看其是否能够及时、准确地指出学生作业中的问题，并给予有效的指导和建议。通过将作业设计、批改和反馈情况纳入对教师专业素养和教学实绩的考核评价体系，激励教师不断提升自身的作业管理能力和教学水平，更好地服务于学生的学习和成长。

综上所述，净月高新区以创新的思路和务实的举措，从"研—培—赛—评"多维度入手，全力推进区域高质量作业的重构与落实，成功形成了一套与"双减"工作要求高度契合且独具区域特色的作业管理模式。

聚焦作业管理与设计，推进区域教育教学高质量发展

朝阳区教师进修学校　李广贤

坚持以学生核心素养为导向，落实立德树人为根本任务，指向"双减"的主战场在课堂。为了让"双减"政策成为提高教学效能的引擎，朝阳区以研究的视角，致力于学生作业常态优质的改变。教育行政部门推进课程教学改革，教研部门深化作业研究，学校优化作业管理和设计路径，从而促进区域教育教学实现高质量发展。

一、厘清作业的功能，赋能学生核心素养，实现多元发展

传统的教育观念将作业等同于巩固练习、应试训练，作业仅仅是课堂教学的补充，重量不重质，追求多做多练。这种定位必然使作业陷入量大质低的题海怪圈。让学生倦怠、教师无奈，制约着教育教学质量的提升，导致了作业性质与功能的异化与窄化。

今天，我们有必要厘清作业的功能：它应该是课堂教学的前置准备和后置延伸。高质量的前置作业，可以引发学生的自主探究活动，从而有效支撑课中的深度学习。高质量的后置作业，可以将课堂教学引向更深、更广的理解与应用，引发更有意义的学习。同时，作业还有着独特的、不可替代的育人功能。课堂教学发生在有限的空间与时间内，得考虑所有学生的共性要求。而作业的优势在于学习资源、学习方式、学习场所的多样化，在于学生个性化学习的满足，在于最大可能地支持学生的各种实践性、探究性学习活动。对学生来说，可以巩固知识，提高能力，培养习惯；对教师来说，可以检测教学效果，精准分析学情，改进教学方法；对学校来说，可以借此完善教学管理，开展科学评价，提高教育质量。

就像上海教委科研项目教研室主任王月芬所说："作业是折射学校教育价值观和专业水平的名片；是教学与评价相结合的支撑点；是学校、社会和家庭的连接点；是影响学生学习兴趣、负担和成绩的关键点。"可以肯定地讲，育人取向、素养取向、实践与探究取向的作业将成为作业的主角。

因此，教师要精准设计作业、认真批改反馈作业，不能给家长布置作业；学校要抓好对作业的校本教研，履行作业管理主体责任；家长要合理安排孩子课余生活，激励孩子坚持进行感兴趣的体育锻炼和社会实践、不盲目加码。只有厘清了在作业问题上教师、学生和家长各自的角色定位，明确了学校与家庭的责任边界，才能为中小学作业管理提供基本遵循。

厘清了作业的功能，界定了作业相关方的职责，下一步就要解决"谁来做"和"怎么做"的问题。

二、加强教研引领，明晰作业管理路径，实现减负提质

（一）朝阳区推进作业管理的依据

1. 2021 年 7 月 24 日，中共中央办公厅、国务院办公厅印发了《关于进一步减轻义务教育阶段学生作业负担和校外培训负担的意见》。

2. 复盘：2021 年 4 月 8 日，教育部办公厅印发的《关于加强义务教育学校作业管理的通知》的相关工作部署，就进一步规范学校教育教学管理，坚决扭转一些学校作业数量过多、质量不高、功能异化等突出问题，通知非常明确而又详细，应该说是对"双减"意见提到的减轻作业负担的完美诠释。

3. 《长春市教育局关于双减工作的实施方案》中要求强化落实作业管理：一是严控作业总量控制，建立作业公示。二是提高作业设计质量，鼓励布置分层作业、个性化作业，鼓励安排活动性、实践性、探究性作业。三是加强作业完成指导，强化教师责任落实。

4. 《朝阳区中小学减轻作业负担实施方案》。

5. 《朝阳区关于落实作业减负分学科作业指导建议》。

（二）教研部门推进作业管理的主要举措

1. 8 月 26 日召开"落实双减工作，提升教研品质工作推进会"进修教研员会议，学习文件。计划制定双减背景下分学科学校布置作业指导意见。

2. 9 月 16 日召开题为"提升新时代教育教学质量及落实双减工作推进会"全区教学校长会。

3. 9 月 29 日召开题为"落实双减工作暨集优化发展推进会"，全区 42 所学校校长以及教育局各科室科长、直属单位负责人参加。

4. 了解、指导基层学校关于减轻作业负担及课后服务工作。

5. 8 月—10 月制定《中小学学科作业管理与设计指导建议》两稿

6. 11 月 17 日召开"双减下作业管理与设计"微论坛、沙龙。

7. 12 月出台《朝阳区中小学学科作业设计及案例分析》

可以说：多层面培训、重点强调、多种举措来落实作业减负。

既然"双减"主战场在课堂，那么从区域的角度我们进行总体布局。构建实施了"一体、两翼双监控"作业管理体系。一体指"三适作业"，即适时、适量、适度。两翼指学校教务处与家长监督双监控。小学实施：基础＋特色＋个性的作业；中学实施：基础＋提高＋拓展的作业。以优化作业管理为发力点，依据"双减"要求，结合学校特色，制定《学校作业管理方案》，对全体教师和家长进行培训，以《作业管理控量表》及《作业管理制度告知书》的方式，让教师、家长、社会知晓作业管理的重要性，多措并举减轻学生过重课业负担。

（三）从教研的视角反思作业设计

巩固知识的视角：一是注重作业与教学的协同。强调课堂教学的时效性。课堂中学生掌握知识的情况是教师对课后作业设计的内容、形式的依据，二是注重作业的系统设计。基于学习类型设计相应的作业目标，对作业内容和形式进行系统的思考。

诊断教学的视角：一是依据作业结果诊断。利用大数据进行精准诊断教师的教和学生的学，利用作业面批等方式对学生进行个性诊断。二是重视作业过程诊断。课堂作业中及时反馈，让学生思维可视化。学生在作业完成过程中，自己随时记录思考的过程。

编写作业的视角：一是加强教师的命题能力。提倡各学科开展命题培训。针对如何对标课标，如何对标核心素养，如何命制双向细目表，如何设计信度、效度、难度等问题进行系统培训，提升教师整个团队的命题能力。二是寻求教师命题的策略。采取"教师跳进题海，学生上岸"的策略。组内教师分工、分项目、分题型，依据课型需求组卷命题。为确保作业习题具有典型性和启发性，利用学科网、菁优网等大数据平台选题组卷并互相审题，这也是"教师下水做作业"的过程。

三、坚守学校主体，完善作业管理设计，达成全面育人

（一）学校要完善作业管理办法，加强作业统筹

学校要明确学科组、年级组是中小学最基本的"育人单元"的责任主体。因此，检查作业质量提升不仅要通过进班听课或者查看当天的作业量公示，从"点"上了解课堂教学效果的提升，更要注重通过参加备课组、教研组的活动，检查作业研究是否纳入了备课活动、是否提出了整体的作业方案。

通过考察教师备课环节、作业环节与其的匹配度，检查教师备课本上所记录的研讨问题和积累资源，看教师的"教育资源观""环境观"，考察教师是否突破了课本和教参的界限引入了社会发展的最新素材。以此，从"面"上综合判断课堂教学效果的提升。比如解放大路小学提倡一个中心：以儿童健康发展为中心；两个统一：学校统一规定作业时间，年级组统一梳理作业内容；三个批改：全批全改、面批面改、精批精改；四个保障：作业有公示（每周以年级组、学科组为单位进行作业公示，每天进行班级作业公示），课业有质量，时间有控量，家长有监督。

（二）学校要深研作业设计内容，加强作业实效

学校要把作业设计作为一个重要的教研方向。首先，引导教师会自己依据学情，通过选题、改题、创题来设计作业，从预设性作业走向动态生成性作业。作业类型上要多样化，比如小课题研究、艺术赏析、体育锻炼、社会实践、职业体验、创意制作等都可以成为作业，特别是要科学设计探究性作业和实践性作业。其次，在内容上要注重贴近生活，尽量将知识嵌入生活情境或学科探索情境，探索跨学科综合性作业，增强作业的趣味性和挑战性，激发学生学习和探究的热情，培养学生综合运用知识解决实际问题的能力。再次，还可以通过大数据分析准确掌握学情，将统一作业与个性化作业相结合，鼓励教师针对不同水平的学生布置分层作业，充分利用现代信息技术手段进行作业分析、诊断、批改和讲评，提高辅导的针对性，提升学生学习效果。

比如：宽平小学开发趣味前置性作业模式，作业运用思维导图构思、梳理知识点并写出自己的感受和不理解的地方，充分发挥学生主观能动性，培养学生自主学习能力。课后，结合课上所学知识，运用思维导图构思，培养学生自主合作探究的能力，实现课前自学、课上导学、课后交流巩固的良性

循环，实现思维的多元化发展并形成良好的思维体系。

北安小学在"马拉松式作业"布置中不仅着眼于当天，更为学生的未来着想，让学生在作业中从预见未来到遇见未来。比如：语文学科中立足单篇，拓展整本，点亮学生语文阅读明灯。学生在学习了一篇名著选文后，教师向学生布置整本书的阅读作业，这类作业不是一日而成，学生可以制定阅读计划，一段时间完成整本书的阅读。通过主题阅读活动，丰富精神生活，奠定人生底色。比如："聪明玩"校本课程当中的魔方、九连环、汉诺塔、华容道，还有各种棋类等智力游戏非一日之功可得，在学生中开展"每天进步一点点"的作业布置。此类作业玩中学、学中玩，学生乐此不疲，提高了能力，发散了思维，深受学生和家长喜欢。

解放大路小学结合学生培养目标，从"培智、健体、练艺、悦动、育德"五个维度设计作业。将学科作业进行融合，让学生在作业中实现"三连接"——复习与巩固相连接，课内课外知识相连接，预习学习与新知识学习相连接。

从作业管理到作业研究，以研究的视角，致力于学生作业常态优质的改变，让"双减"政策成为提高教学效能的引擎。

四、回归教育初心，提升教师专业素养，转变育人方式

（一）教师观念的迭代升级是关键

"双减"政策的落地是坚定不移地坚持核心素养导向的育人行动。教师要明确核心素养提出的两大功能，首先是画像的功能，明确合格的社会主义建设者和可靠的接班人有哪些素养？即有能够适应未来生活正确的价值观念、必备品格和关键能力；其次是导航的功能，就是引导学校所有的工作，从学生核心素养提升的角度来说应该如何去做，引导我们实现这个目标，教师必须明确育人方式变革要求，从知识本位走向素养本位，从以教为主转向以学为主，从学科割裂走向学科整合，从静态知识传授走向实践教学，从被动听讲学习走向自主探究学习，与项目式学习、探究式学习、STEM 综合性学习等学习方式相适应。

（二）教师素养的拔节提高是保障

作业设计看似是一项常规而简单的工作，实则是充满创造性的活动。设计作业、编题命题的能力，是体现教师专业素养的一个重要方面。教师只有

吃透课标和教材，深刻认识学科核心素养导向下的课程教学改革理念，是以学生的"学"而非教师的"教"为出发点，才能设计出符合教学规律和学生身心发展规律的作业，通过布置少而精的作业，达到事半功倍的效果。

在考试次数减少的情况下，中小学要把为数不多的考试视为一张诊断教学的"化验单"，应当细致深入地关注到这张化验单上的每一个具体指标。应当让每道题、每个选项、每条答案都指向教学中的微观环节，分析每道题、每个错误选项所反映的教学问题是什么。希望通过这个维度上的认知，促进教师精进教学基本功，从源头上减少机械、重复、低效的考试和作业。因此，教师素养专业水平的拔节提高是完成高质量作业设计的保障。

做好作业管理与设计，校内提质的关键人物是校长，落实的核心力量是干部团队、教师团队。未来，努力做好"作业减负、校内提质"，需要我们更多的老师有"从 0 到 1"的智慧，有创新、有突破，还要有"从 1 到 0"的勇气，开放心态，再发展。我们欣喜地看到，从区域层面落实关于作业管理设计以来，有的学校已经先试先行，全区各个学校同向同行，共同做好作业管理与设计的小切口，实现基于核心素养立德树人的大文章，为教育减负增效，为学生核心素养的提高，为长春市教育教学高质量发展，做出应有的努力与贡献！

作业管理有规有矩，减负提质自成方圆

——德惠市小学作业管理经验交流材料

德惠市教师进修学校　贾玉哲

"双减"正在进行，作业该如何管理？面对这个引发全国热议的新兴课题，德惠市教师进修学校小学教研室带领全市各小学在《长春市关于进一步减轻义务教育阶段学生作业负担和校外培训负担的实施方案》文件精神指导下，通过加强调控引导、聘请专家引领、组织校本研修、制定作业管理制度、举办作业设计大赛等举措，聚焦作业内容的适切性、作业形式的多样性、作业评价的多元性等多方面的作业提质行动，切实提高作业设计与实施的品质，有效发挥作业的育人功能，努力达到减轻学生负担、提升教育质量的目的。在作业管理的道路上，我们德惠市各小学正在奋力"赶考"，努力书写优质"作业管理"答卷。

一、精准定位"作业管理"靶向

作业，作为学校教育教学不可或缺的一环，其管理质量直接关系到学生的学业负担与成长质量。德惠市教师进修学校小学教研室在"双减"政策实施之初，便敏锐地意识到作业管理的重要性，坚持问题导向，群策群力，为全市小学作业管理绘制了清晰的蓝图。

1.落实"五育并举"，优化作业设计

我们依据课程标准，精心规划作业内容，确保作业在形式、难度、类型、数量、结构等方面既符合学科要求，又能促进学生德智体美劳全面发展。通过作业设计，我们力求让学生在完成作业的过程中，不仅能够巩固知识，还能培养兴趣、锻炼能力、提升素养。

2. 强化系统性与科学性

我们注重作业设计的系统性和科学性，统筹考虑校内作业与校外作业、书面作业与非书面作业、基础性作业与拓展性作业、单科作业量与各科作业总量的关系，确保作业布置合理有序，避免学生陷入"题海战术"的困境。

3. 尊重个体差异，实施分层分类

我们充分认识到学生之间的差异性，因此，在作业设计上注重分层分类，满足不同学生的学习需求。通过差异化的作业设计，我们努力让每个学生都能在适合自己的作业中获得成长和进步。

4. 家校社协同，共筑良好生态

我们积极牵手家长和社会各界，共同树立理性的"作业观"，营造有利于学生健康成长的教育生态环境。通过家校合作、社会参与等方式，我们努力形成教育合力，共同促进学生的全面发展。

5. 变"布置"为"设计"

我们强调从"作业布置"向"作业设计"的转变，注重发挥作业的育人功能。在作业设计中，我们关注学生的个体差异和知识储备、学习能力、个性特点等方面的不同，从学生的视角出发设计适合学生且学生感兴趣的作业内容。

二、重磅启动"作业管理"工程

（一）于高处立——建机制、重管理

1. 完善作业统筹管理机制

德惠市教师进修学校小学教研室秉持方向指导、规范指导、质量指导的核心理念，精心制定了《德惠市小学学生作业管理细则》及《德惠市小学学科作业设计要求》。该细则与要求从"总体目标""具体要求"到"实施建议"，对各年级、各学科教师的作业布置及设计进行了全面而细致的规划与指导，并鲜明地提出了"三三三"改革举措。此举措包括"三个原则"：即聚焦学科本质、强化核心素养、促进学习评估；"三个流程"：涵盖设计、实施、评价的全链条精细化管理；"三个创新"：在课前预学、课中共学、课后延学三个环节上实现作业设计的创新突破。

2. 精准明确作业管理职责

我们构建了以校长为总指挥、业务校长为分管领导、教学部门为顶层设计者的责任框架。教研组长、备课组长负责具体作业内容的创新与总量控制；

年级组长则负责协调各学科作业，确保年级作业总量的合理性；班主任则着眼于班级日作业总量的调控；任课教师则需严格把控本学科作业量。这一体系形成了作业管理的立体联动网络，确保了各个环节的紧密衔接与高效运行。

3. 要求各小学将作业设计纳入教学管理

我们明确要求各小学将作业设计纳入日常教学管理之中，确保三至六年级每日作业布置情况均能在"作业公示栏"上公开透明，并准备专门的作业记录本，详细记录作业的分量、总量、类别及完成时限等信息。这一系列举措旨在通过制度约束，不断优化作业管理，总结经验，分析问题，健全机制，最终汇聚成强大的作业管理合力。

这样，我们用制度约束行为，及时总结作业管理经验，分析存在的问题，健全作业管理机制，最终形成作业管理"合力"，以期达到预期效果。

（二）向宽处行——重过程、提效能

1. 倡导作业研究常态化

我们积极倡导作业研究成为教学管理的常态，自"双减"政策实施之初，便鼓励各校学科教研组在周期性教研活动中，设立专项时段，深入探索作业管理的多维度策略，涵盖总量科学调控、质量精细打磨、个性化分层设计以及高效批改与多元化评价机制等。此举旨在将作业管理深度融入教育科研体系，通过课题引领，推动教研活动的持续深化与常态化，从而全面优化作业管理流程，显著提升学校作业管理的综合效能与教学质量。

2. 推出作业设计示范样例

为了推进作业管理规范化进度，我们采取骨干先行，带动引领的策略。一方面，组织市级学科教研团队为一、二年级学生设计非书面类作业示范样例，涵盖体育锻炼、艺术欣赏、古诗文积累等多个领域，全面推动"五育并举"；另一方面，针对三至六年级教学实际，安排省、市级骨干教师开展综合性、项目式、主题式、大单元作业设计研究，研发出一系列高质量的学科作业设计示范样例，供全市教师参考借鉴。

3. 优化作业设计，加强过程管理

随着"双减"政策的深入实施，我们愈发强调作业设计作为备课重要组成部分的地位。我们指导学校将作业设计纳入校本教研重点，鼓励教师提升自主设计作业的能力。同时，我们倡导学校和教师基于课程标准和学科教学指导意见，科学设计符合学生学习规律、体现素质教育导向的基础性作业；并积极探索探究性、实践性和跨学科综合作业的设计路径。此外，我们还建议学校合理布置各类作业，鼓励教师布置分层作业、弹性作业和个性化作业，避免机械性、无效性训练；同时明确作业完成要求和评价方式，以激发学生完成作业的积极性与主动性。

4.倡导多元评价，发挥育人功能

在作业管理的研究中，我们发现部分学校出现了"重设计""轻评价"的现象。基于此，我们提出要注重作业管理中的评价管理。强调评价的主要目的是全面了解学生学习的过程和结果，激励学生学习和改进教师教学。鼓励教师在全批全改作业的基础上，创新评价方式与内容，激励学生学习，共情学生心理，力求让作业批改评价发挥更深刻的德育效果。一是评价形式多元有效。鼓励一线教师采用作业个性评语、积分币、表扬信、作业评价单等形式多样的评价形式，帮助学生找到自己的优势及不足，进而在扬长补短中全面发展。二是评价内容科学合理。学校要对学生作业完成情况进行严格管理，明确提出作业要求，重视平时评价、发展性评价，不仅对作业表现好的学生适当进行表扬，更对作业质量有进步的学生进行鼓励和肯定，旨在让学生形成正确的作业观，进一步推动教学质量向前发展。

（三）就平地起——重科研、深研究

为引领我市的作业管理更上一个新的高度，我们在常规的全市教研工作中加大作业管理培训和研究力度，并且在"大学区"城乡联合教研中，增加了作业管理的研究内容，同时我们采取用科研的形式、搞教研的方式促进作业管理的深入、规范。

1.逐渐加大作业培训力度

小学教研室将作业管理、作业设计与实施统筹纳入科研、教研和教师培训范围，采取"走出去与请进来"相结合的方式，强化培训力度。我们多次派教研员和一线名师去长春市名校学习作业管理与作业设计经验，并邀请长春市基础教育研究中心的教研专家到德惠送培，使教师深刻理解"双减"工作的重大意义，准确理解课程标准和学科教学指导意见的内涵。几年来，我们指导教师以单元作业设计、融合性作业设计等为抓手，持续开展相关培训工作，不断提升作业设计能力，促进全市小学各科、各类作业管理工作更上新台阶。

2. 加强市级教研团队作业研究，以名师带动作业质量提升

小学教研室不断强化教研支撑，通过市级教研团队有侧重地指导各校不断提升教师作业设计、布置、批改、分析、反馈、辅导能力。各学科教研员聚焦学校作业设计与实施中的重点难点问题并加强研究，指导各校开展学生作业负担的调查研究，建立素养导向的作业设计、管理和评价机制。

3. 城乡联动，发挥大学区作用

小学教研室充分发挥名师、名校示范引领作用，创造性地将作业设计与实施纳入大学区常态学科教研的范畴，以大学区学科教研组为基本单位，以省市学科带头人、各级骨干教师为标杆，发挥名师、名校掌舵导航的作用。加强大学区内各学科作业研讨力度，着力研究作业的育人功能、数量控制及科学设计等，整合优秀作业设计资源，实施作业设计资源共享，提升教师的作业设计水平。

4. 加强校本教研，创学校特色品牌

小学教研室鼓励各校遵循学生成长规律及学生认知规律，突出校本特色，力求打破学科边界和空间限制，涉及多个领域的学科知识，充分利用学校和各平台资源，兼具对城市、社会的人文关怀，丰富各学科作业形式，构建良好的作业生态。

5. 以赛促研，作业设计大赛硕果累累

为了更好地推动核心素养导向下的作业研究，充分发挥作业的育人功能，小学教研室以"五育并举"为依托，以课程标准要求为导向，开展丰富多彩的教育教学活动和赛教活动，举办"作业管理经验分享会""作业设计大赛""岗位大练兵"等一系列活动，为"双减"助力，为"作业设计""作业管理"赋能，丰富了教师知识，提升了教学理念，超越了自我，促进了学校整体发展。

6. 教科研一体，提升作业管理研究力度

除了将作业管理纳入制度，我们还把作业管理设置为全市教师共同聚焦的科研课题，通过系统研究，提升作业管理和作业设计能力，采取集体课题、个人课题齐步走的方式，鼓励学科教研组及教师个人积极参加以"作业管理"为主题的各级各类课题研究。通过深入课堂进行广泛听课，调阅学生作业，查找作业设计中存在的共性问题。在研究中不断反思，不断总结，形成成果，

并加以推广，使教师整体的作业水平得到改善和提高，从而产生学校作业管理的大面积良性效应。

三、纠偏扶正"作业管理"行为

1. 构建作业管理视导评估机制

小学教研室在深入研读《德惠市小学学生作业管理细则》与《德惠市小学学科作业设计要求》的基础上，匠心独运地制定了《德惠市小学作业管理和作业设计视导细则》，为作业管理的规范化与科学化提供了坚实支撑。每学期，我们组织两次突击式的专项视导活动，不打招呼，直接深入德惠市各小学的课堂与作业管理一线，全面审视"双减"政策下的作业设计与课堂教学实践。视导过程中，我们细致考量作业总量的适度性、公示制度的透明度、层级审核的严格性以及社会监督的有效性，通过持续性的督查与反馈，引导教师科学合理地布置作业，确保教学质量与学生负担的双向优化。

2. 强化评价与监管，明确作业管理导向

为了进一步巩固和提升作业管理的成效，我们创新性地推出了作业管理正负清单制度。这一制度如同一把精准的标尺，既引导各教研组和学科教师自我反思、自我提升，及时发现并纠正作业管理中的问题与不足；又赋予教研室以更强的监管职能，通过双重监督机制的建立，形成强大的合力，精准识别并有效矫正作业管理中的偏离行为。正负清单的实施，不仅为作业管理指明了方向，更确保了作业管理工作始终沿着促进学生全面发展、减轻学生课业负担的正确轨道稳步前行。同时，我们不断丰富作业类型与内容，鼓励学生参与多样化的学习活动，全面提升学生的综合素质与学习能力。

经过近三年的不懈探索与实践，德惠市小学在"双减"背景下的作业设计与作业管理领域取得了显著进展。众多学校和教师已实现从"被动执行"到"主动研究"的华丽转身，他们不仅关注作业管理，更深入研究作业设计，以研究者的姿态致力于学生作业的常态优质化。作业类型日益丰富，从传统的课时作业拓展至大单元作业、分层作业、游戏活动类作业、专题探究类作业及应用拓展类作业，作业的功能也从单一的知识巩固，演变为贯穿预习、随堂、同步、周末、单元、假期及长程学习任务等多个维度的综合性学习支持。

教师们深刻认识到，作业设计不仅是教学的一部分，更是育人的重要环节。他们致力于在作业中培养学生的核心素养，同时充分考虑学生的个体差异，包括知识储备、学习能力及个性特点，设计出既适合学生又能激发其兴趣的作业。

展望未来，我们将继续以提升教师作业设计与实施能力为核心，构建更加贴近学生实际且高质量的校本作业体系。我们坚信，通过不懈的努力，能够开启"作业管理"减负提质的新篇章，为学生的健康、可持续发展奠定坚实的基础。

深度教研构建区域作业新样态

——长春市绿园区小学作业设计与评价实践研究

绿园区教师进修学校　王世怀

　　长春市绿园区小学教研团队，依托绿园区构建实施的"市—区—片—校"四位一体教研管理工作体系，围绕"聚焦深度学习，赋能生命成长"研究主线，精化作业设计评价，实现区域整体推进；细化学区教研管理，赋能学科团队建设；深化课堂教学改革，聚焦学生深度学习；优化教师专业成长，深研教材典型课例；走出了聚焦需求，理念引领；集优赋能，行动助推；创新样态，成效可视的区域深度教研之路。

一、聚焦需求，以理念提升为研究基础

　　结合长春市绿园区的专项视导调研活动，我们统一思想，把作业设计与评价纳入我区视导活动必做专项。调整、优化教学视导中关于作业设计、布置与批阅反馈等方面的要求，并开展"作业设计与评价"主题教研会议30余场。通过听课调研、座谈交流与实践印证，整合区内教师在作业设计与评价方面的三个需求：需求之一，对于作业功能与价值的认识还不够全面，需理念引领；需求之二，作业来源以"一册"为主，相对单一，需科学设计；需求之三，作业方式为传统纸笔练习，需丰富样态。

　　基于以上的研究起点，我们绿园区小学教研团队对"深度学习"理念与"双减"背景下的作业设计，进行梳理，归纳出"一核三新"。"一核"即长春市绿园区作业设计的总体方向"集优赋能，减负提质"的核心价值，是以学生全面发展和深度学习为核心追求，以"育人为本、适切为先、进阶为要"为基本内涵。"三新"即"新理念、新支架、新评价"。"新理念"是作业设计与评价思想观念的改变：从"知识小作业"走向"素养大作业"，优化

作业结构，从学生的真实状况出发，作业结构层次鲜明、满足个性、样态丰富、指向生活。"新支架"是设置引导学生深度学习的作业支架。"新评价"：即创新作业评价方式，将达标作为评价的基点，成长作为评价的目标，学生作为评价的主体；更新评价机制，引入多元评价、过程评价、增值评价等，通过对学生不同要素、不同阶段、不同能力的全面评价，搭建全面立体的评价模型。

我们在实践研究中发现，作业支架设计对于教师能力提升非常重要，因此，在设置引导学生深度学习的作业支架方面，我们做了这样的尝试：设计基于课前预习作业切入的前置性支架；导向作业设计逻辑起点的引导性支架；整体规划单元作业结构的示范性支架；明确作业分层实施方法的提示性支架；学科跨界融合的主题研究实践性支架。具体内容如下。

（一）基于课前预习作业切入的前置性支架

设置引导学生深度学习的前置性作业支架，可以从这样几方面着手：

1. 从要素入手，在预学中聚焦疑点

如语文三年级上册第八单元的阅读要素是"学习带着问题默读，理解课文的意思"。基于此，我们为《灰雀》一课设计预学作业：认真默读课文，结合课后习题，请提出1—2个你最想提的问题。我们会发现学生一般都聚焦在这几个问题上：灰雀到底去哪儿了？灰雀不见了，列宁和男孩子对话时心里在想什么？列宁和男孩子都很爱灰雀，但他们爱的方式有什么不一样？列宁明明知道男孩子抓走了灰雀，为什么不批评男孩子，而对着灰雀说话？课前有了这些思考作为基础，根据以上问题，我们就可以将教学重点落在"带着问题默读——找到相应的段落，读中解决问题——读懂课文意思"，效果较好。

2. 从课文入手，在预学中聚焦重点

在预习中，初读课文要读到什么程度？教师要设计好预学作业帮助学生进行预读。如语文教材五年级上册《月迹》一文，教师设计这样的前置性作业，通过对初读文章脉络的梳理，使得预习时思维可视化。

3. 从阅读入手，在预学中聚焦难点

通过前置性作业的设置，我们还可以拓展学习内容，引导学生先做后学。例如语文四年级下册第六单元在学习到曹文轩作品单元前，以阅读迷宫的方式设置前置作业，学生根据阅读能力不同，选择提前阅读1—2本曹文轩文学作品，完成迷宫导读单"我的发现""我的收获"，带着对作者的初步了解和感知有准备地进入课堂，通过前置性作业有效链接课前、课中、课后，实现学生深度学习，全面提升课堂质效。

（二）导向作业设计逻辑起点的引导性支架

导向逻辑起点的引导性支架，我们更加关注借助导图式、表格式、选择式等支架呈现学生完成作业的思维指向。

例如，语文五年级上册《"精彩极了"和"糟糕透了"》一课，设计如下作业：以经历为线索，在对比母亲和父亲的态度中，整体阅读课文，促进学生深度思考与阅读。

根据课文内容，完成练习：

经历	母亲的态度	父亲的态度
八九岁时写的第一首诗		
几年后写短篇小说		

从这两种不同的态度中，我明白了："精彩极了"是一种 _____ 的爱，使"我" _____；"糟糕透了"是一种 _____ 的爱，使"我" _____。

（三）整体规划单元作业结构的示范性支架

单元整体作业，我们可以依托方法应用的迁移型作业设计、读写融合的递进式作业设计、整组复习的结构化作业设计来构建。

以方法应用的迁移型作业设计为例：部编教材双线组元，我们在设计单元整体作业时，引导学生整合单元，互文对照，对相近或相似的内容进行比较。通过比较找出文本内容和形式上的异同点。如语文三年级下册《陶罐和铁罐》设计作业如下：教师可先引导学生进行人物对比以及不同结局对比，以提示寓意。然后，教师设计课外阅读拓展作业，带领学生走进更多的寓言故事，寻找更多的"对比"，并感受寓言带来的启发。请认真阅读《蚂蚁与屎壳郎》《芦苇与橡树》两个故事。完成阅读对比卡。

寓言	人物	性格	结局	寓意
《陶罐与铁罐》				
《蚂蚁与屎壳郎》				
《芦苇与橡树》				

再以数学学科整组复习的结构化作业设计为例：87 中学小学部在北师大版数学四年级下册"整理与复习"中设计了整组复习的结构化作业——"整理与复习"作业设计（2 道探究题 +1 道实践题）。

①为什么 $0.2 \times 4=0.8$，积 0.8 比 0.2 大，而 $0.2 \times 0.4=0.08$，积却比 0.2 小呢？（多种方法说明）（通过深入思考，从而自己"打破"原来认为的"数越乘越大"的思维定式，体会小数乘法意义与整数乘法意义的异同。）

②你能用几种方法计算出 1.25×8.8 的结果？（体会整数的计算方法和简算方法在小数中同样适用，特别对于乘法结合律和分配律的对比，进行深入理解。）

③如何验证三角形具有稳定性，四边形具有不稳定性，寻找生活中它们的应用，也可以自己动手制作，感受它们的应用。（在深入了解图形性质的同时感受数学就在自己身边，体会这些性质没有好坏之分，关键是我们怎样使用它们，让我们的生活更便利、更美好。）

明确作业分层实施方法的提示性支架、学科跨界融合的主题研究实践性支架的设计和使用，我在后面还会同各位交流。

二、集优赋能，以四大行动为实践助推

我区以四大行动为锚点，即"四级联合教研行动、设计能力提升行动、管理能力提升行动、成果凝练推广行动"，准确定位深度学习与"双减"背景下的区域作业设计与评价创新变革。重在提升学校作业管理实效，助力教师专业成长，赋能学生阳光生长。

1.四级联合教研行动

以长春市"集优赋能，减负提质"作业设计优秀案例评比和经验交流活动为引领；以区域"精致作业，提质增效"系列教研活动为抓手；以教研片区集优联动为链条；以学校系列作业评优活动为圆点，开展市、区、片区、学校四级联动的整体深研，形成作业设计与评价研究的实践场域。

2.设计能力提升行动

我们通过组织期初视导调研、"基于核心素养视域，实施单元整体教学"学区主题教研、"送课下乡，送培到校"精准帮扶、"三精"系列线上教研、新课标系列培训等活动，定期与不定期相结合、线上与线下相结合、教研与培训相结合，对教师进行作业设计、评价、管理等方面的技能培训。组织开展学科主题教研、作业设计大赛、作业设计与管理经验交流、新课标知识测试等活动，全面提升区域小学语文教师作业设计能力。

3. 管理能力提升行动

依托我区学科组建设工作，发挥教研片区集优化管理之优势，组织教研片区开展作业设计与管理展示交流活动。将作业设计与管理纳入专项督导内容，促进学校健全关于教师作业设计的保障机制，形成校本化的作业改革管理体系。

4. 成果凝练推广行动

培育一批建设中的亮点学校和优秀教师，形成系统性、校本化作业变革的"绿园先锋"。为进一步落实"双减"工作，优化学科作业设计，开展了"聚焦双减提质，助力课堂增效"——作业设计与评价典型案例评选活动，共有287名教师参赛，从学情分析、作业类型、作业目标、作业内容、设计意图及评价路径等方面进行设计，最终209人获奖，为构建区域作业教研新样态提供良好平台与途径。2022年5月，小学语文学科承办了吉林省小学研训中心线上教研活动专场，我区代表长春市做了"双减背景下以教研转型赋能学校高质量发展"的专项汇报，绿园区语文教研团队做题为《深度教研构建区域作业新样态》的经验交流，全省近2000人参加，反响热烈，获得一致好评。在2021年、2022年长春市开展的优秀作业设计评比中，我区共有19人获优质课例奖，17人获作业设计奖。2021年市级作业设计现场经验交流活动中，正阳小学代表绿园区进行发言，87中学小学部获得长春市作业评价与管理示范校。

三、创新样态，以成长进阶为可视效果

通过区域教研行动推进，各校基于深度学习以及作业的不同功能精心设计"诊断性作业""巩固性作业""迁移性作业"，通过作业让学生体验知识在真实世界的运作，明晰学习的目的与意义，实现成长进阶，形成了和而不同、美美与共的作业新样态，在三方面取得了成效：成效之一实现了分层设计，从共性泛化到个性需求；成效之二实现了跨界融合，从单一封闭到自由开放；成效之三实现了多元评价，从统一要求到因需施评。

1. 成效之一实现了分层设计，从共性泛化到个性需求

绿园区正阳小学从作业设计分层、作业性质分层、作业评价分层方面进

行尝试，颇有成效。语文学科立足"知道""理解""应用""综合"四个维度进行作业设计，增强作业的层次性、适应性、选择性。例如在四年级上册第三单元的单元作业设计时，进行了这样的分层设计：设置必做类的"基础性作业"，感受两篇精读课文中作者准确生动的表达及连续细致的观察。聚焦"知道""理解"水平层面，让班级内基础薄弱的儿童能跟得上；设置必做类"拓展性作业"，培养学生进行连续细致的观察，养成连续观察并进行记录的习惯；最后设置选做类的"选择性作业"，通过鼓励学生迁移运用本单元学到的观察方法，对自己观察到的内容进行外化，为学生搭建交流学习平台，用学生互评、自评的方式激发学生学习兴趣，为单元习作做好铺垫。这样"综合实践"自主型和开放型作业，聚焦高阶思维发展的"应用""综合"水平维度，让学生拥有选择作业的权利和机会，并对分层进行动态管理。

长青小学英语学科在设计外研版英语（一年级起点）三年级下册 Module 6 Unit 1 Here are his arms 这一课的作业时，依据皮亚杰"最近发展区"的理论基础，尊重学生个体差异，结合作业目标低、中、高三个层级，设计供学生自主选择的三个套餐作业，归还学生的作业主体权。

套餐 A：学玩结合设计，激发学习兴趣。"小勇士"们，请你结合本课学习的内容，拼出完整的大象，写出下图中大象各部分的名称。并用句子 Here is /are... 说一说大象的各部分。

套餐 B：贴近学生生活，自主创新发展。"小将军"们，请你们仿照左图，画一幅你喜欢的人物 / 动物 / 卡通人物 / 想象中的人物（任选其一），并完成填空。记得要用 Here is /are... 对你所画的内容进行描述。（注意名词复数的使用）

head eye foot	Let's have a look. Here is/are _____(head), _____(arm), _____(leg), _____ (foot/feet), _____(nose), _____ (eye), _____(ear). 有关数字的词汇： one two three four five six seven eight nine ten

套餐 C：侧重核心知识，突出能力导向。"司令"们，请你们阅读绘本 Blind Men Feeling an Elephant，根据绘本内容完成相关习题。

学生根据不同的认知和接受水平，选择适合自身知识掌握和能力提高的有效性作业。

2. 成效之二实现了跨界融合，从单一封闭到自由开放

学生的作业不仅停留在本子上、教室内，更引向丰富的生活场景，让学生在完成有挑战性的操作类、活动类、合作类，开放型、探究型等作业中，实现学习内驱力的激发以及综合思维的拓展。我区第 87 中学小学部在线上教学期间以"优化作业赋能，减量提质增效"为主题，统筹规划，扎实推进，融合创新，设计单元主题性作业及项目式作业等，实现了多维度、多视角的跨学科、跨领域融合。比如：今年清明节，87 中学小学部延续传统节日不留书面作业的规定，在线上开展"追根溯源，感悟生命"的跨学科综合性主题式作业。其中主题作业一：燕子来时新社，梨花落后清明。学生观看教师录制的短片《二十四节气之清明》，探究有关清明的文化与传统（播放视频）；主题作业二：一杯杏花酒，满盏思故人。学生和语文教师一起吟诵有关"清明"的诗，或和教师一起挥毫泼墨，写下"风清景明"（播放视频）；主题作业三：春城无处不飞花，寒食东风御柳斜。请同学们根据要求精心制作一朵小白花，缅怀先辈，寄托哀思。项目式探究作业和学科融合调动了学生的学习兴趣，拓宽了学生的视野，丰富了作业样态，实现了五育并举。

长青小学一年组在整体认识了常见的五个平面图形的形状和体会图形变换所带来的乐趣的同时，通过动手操作、拼组七巧板进一步感知平面图形间的关系，以"七巧板故事会"为主题给学生设计了跨界融合特色创意作业。

作业内容一：提供丰富的可供模仿的事物范例组图，学生们可参照各种图案，如各种形态的人、狡猾的狐狸、可爱的兔子、美丽的小鸟、生活日用品等，通过模仿与想象，拼摆图形或把事物重新组成新形象和新情景。作业内容二：把七巧板拼摆与诗词绘画有机结合起来，培养学生的综合动手能力及审美情趣。学生把七巧板拼摆并粘贴在白纸上，然后用彩笔配上美丽的图画或文字。充分调动学生们的手、眼、脑的运作和协作，在强烈的感观互动中发展他们的创造性潜能。让学生们通过绘制，将实物与形态之间的桥梁连接起来，感悟图形的分割与合成，以此来锻炼学生们的观察力、想象力、形态分析及创意逻辑的能力，从而形成积极的情感体验，让学生们的学习过程更具有生长性，浸润学科素养。

3.成效之三实现了多元评价，从统一要求到因需施评

很多学校设计具有差异化特征的作业评价标准，采用形式多样的评价方式，如生生互评、小组评价、信息化评价、过程性评价，对每一名学生自我发展的起点以及发展的增值进行科学评价，从而检验与保障学生作业的实效性。同时作业评价改革的推进也倒逼教师重新审视自己的课堂教学，更加关注学生深度学习过程。以 87 中学小学部数学学科为例：在北师大版四年下册"整理与复习"中借助电子产品的使用让作业评价方式更加多元化。可以采用文字批注进行批改，还可以用语音有针对性地提出建议或问题，引导学生进一步思考。将一些作业下载，在第二天的作业讲评中进行全班展示交流，既是对认真思考孩子的鼓励和肯定，也给孩子们提供了一个开阔视野、互相学习的平台。这样的"师生""生生"对话的评价方式，使作业不再是只有对错的负担，而成为一种思想碰撞的期待。由于作业的开放性，我们看到了孩子们对问题理解的不同视角，惊喜于他们的思维既有深度又有广度。语言讲解、实物模型、生活实例，让抽象的问题形象地展现在了师生面前。图片、视频云集了孩子对三角形稳定性和四边形不稳定性的感悟。之后的作业讲评，给孩子们搭建了一个交流思想的平台，在展示和欣赏的过程中再一次拓宽思路加深理解，感知小数运算从意义到算法与整数运算都有着千丝万缕的联系，经历学习书本"由薄到厚"，再通过思维的加工整合，"由厚变薄"的过程。引导孩子找到自己架构知识体系的方法。体会"稳定性"三个字背后是那么的丰富多彩，它就在我们的身边，与我们朝夕相处，理解了性质是客观存在的，

没有好坏之分，我们通过操作观察、分析理解、尝试应用，感受合理利用图形的性质可以使我们的生活变得更便利、更美好。这样的作业有意思、有意义，激发了学生学习数学的兴趣，点燃了学生探索的欲望，增强了学生学好数学的自信心。

总之，绿园区小学教研工作通过"双减"背景下的作业设计与评价，不断实践思考，以更高质量的发展呈现教研崭新样态。

校内提质，减负增效 校外协同，助攻赋能

长春五十二中赫行实验学校小学部 张泽芳

长春五十二中赫行实验学校是一所九年一贯制公办学校，秉承"爱·理解·相信"的教育理念，凭借着"求是 坚守 创新"的学校精神，努力办一所让百姓满意的学校。"双减"政策出台后，在政策法规的指引下，在管理机制的保障下，赫行小学积极面对挑战，主动作为。从加强学习入手，解读文件精神，成立领导小组，厘清工作思路，研定工作方案，制订工作制度；多次召开各层面落实"双减"工作会议。努力走在"校内提质，减负增效；校外协同，助攻赋能"的路上，多方联动，构建全面育人的良好教育生态。

一、校内多方提质，全链条推进双减

（一）队伍提质，精钻研深教研

1. 经验 + 反思

教学经验之于"双减"，教师需取其精华，舍弃唯分数论的思想及做法；反思教学行为，形成个性化教学思考，创新育人方法，为"减负增效"做足准备。

2. 合作 + 互导

由学科领衔人、骨干教师及青年骨干教师组成的 5 个学科 49 人的学科教研中心，在"双减"背景下应运而生。学科教研中心研究体系分为两个层面：学科建设 + 项目式研究共同体。学科建设主要通过主题式教研、培训、听评课等形式，带动教师专业成长，促进学科全面建设；项目式研究共同体，打破学科和年段的界限，以专业而非行政的方式推进。目前，形成了"高效课堂实践共同体""多元课程研发共同体""高质量作业研究共同体"等 5 个学习共同体。每个学习共同体成员由专家型教师、研究型教师、青年骨干教

师构成。以"备课研究共同体"为例，为实现减负增效教学目标，形成了"年级备课+跨年段备课"的整体备课模式。年级学科备课采用"四步式"集体备课，每周一次。通过个人初备形成教学个案及作业初稿；集体细备提出修改意见；示范教学呈现高效课堂；同课异构突出教师个性化教学。跨年段备课每月一次，依据教学中存在的问题，形成研讨主题，梳理解决策略，付诸教学实践。本学期，学科教研中心进行学科教研 32 次，联合教研 4 次，为减负增效提供专业支持与保障。

（二）管理提质，以精细化管理促课堂高效

学校对管理团队提出了"五个明确，四个到位"的要求。"五个明确"，即明确岗位职责，明确工作目标，明确工作任务，明确工作流程，明确工作标准；"四个到位"，即布置到位，执行到位，指导到位，检查到位。教育教学工作实施校长、主任年级负责制的纵向管理与学科中心教研团队横向管理的有机结合。

以常规课堂教学管理为例，每天主管年级的校长、主任都要巡视自己年级的各学科常规课堂，同时把巡视结果实时上报到工作群。而学科中心团队的学科听备课及教研活动打破了年级的界限。综合两支队伍的评定结果，我们把常规课堂定位为"合格课堂、开放课堂和高效课堂"三个级别。常规课堂教学评价与教师的目标管理考核挂钩。现在，学校随时开门接受听课的课堂越来越多；而学生抬头率、参与率、思考率、实践率较高的高效课堂也在不断增加。

（三）课堂提质，师善教生会学

1.实现"上好每一节课"的目标

规范常规课堂教学管理，日巡视，周汇总，月评价。常规课堂达到"三要"标准，教学内容要关注"发展"，而不是"操练"；教学过程要实现学生心动、神动、思维动；教学目标要关注学科素养。探索改进中的以"学生的课堂、学科的课堂、学习的课堂"为核心、以"导学、独学、群学"为主要环节，突显学科特色的"三三 X"课堂教学模式。让孩子们成为课堂的主人，让课堂成为思维碰撞的互动学堂。

2.主题式教研，助力课堂高效

在市教研中心"基于标准的单元整体教学实践研究"思想的引领下，我校开展了"研整单元教学，探学习力成长"主题教研活动，历时两个月，70余名教师参与授课。活动得到了市教研中心肖宇轩主任、李博老师、史才春老师及二道区各科教研员的高位指导。老师的教材观、课堂观、学生观得到全面提升。在反思成果的基础上，我们又举行了主题为"整合·关联·发展"的第二期教学研讨。各科教师在自我钻研、师徒共研、团队教研的基础上呈现出对单元整体目标的考量，为双减政策下规划单元作业，研制作业目标奠定了良好的基础。

每学期一届的"动力杯"教学大赛已进行到十五届，大赛主题从"充满活力的本真课堂"发展到"安静读书，专注思考，个性表达""遇见课标，看见学生""核心素养培育导向下的'生·动'课堂"，我们逐渐把"点"缩小，便于老师们实际教学中好实施、好着力。课堂形式从"同课异构"到"师徒同上一节课"；从"单课时教学"到"全课时全课型"教学展示。直指教学问题，突破课堂教学难点，引发教师思考，促进教师成长。课后现场专家的点评、授课教师与听课教师的积极互动，使整个现场充满了思考与思辨的氛围，所有教师的思维都"动"了起来。由点到线再到面，课堂教学无论是教研内容还是呈现方式都逐渐全面和富有实效。更可喜的是，以"学习为中心"的教学观念带来了常规课堂的转变。最直接的体现是孩子们由原来的胆小、被动，变得自信主动，善于思考，敢于表现，尤其是思辨能力、动手能力在增强。"窥一斑而知全豹"，通过"动力杯"这一教学载体，折射出的是教与学方式的改变。

无论是课程还是课堂改革，目的是为学生创设更生动的学习场景，开拓更丰富的学习样态，产生更蓬勃的学习动力。课改，我们始终在路上。

3.站在儿童立场，探究幼小科学衔接课堂

在市教研中心期初"幼小衔接联合教研视导"中，我校呈现了5节幼小衔接课；在长春市小学语文学科统编教材培训会上，又面向长春市呈现了2节幼小衔接课，均受到了专家的高度评价。学校14名老师参与长春市"基于幼小衔接的单元教学设计与指导"的研究，60课时的教学设计被收入联合教研资料汇编。12月2日，市教育局幼小衔接试点改革现场会在我校召开。会上我校和幼儿园分别展示了一节体现幼小衔接的语文课和阅读活动课。我校汇报的《小小的船》一课，在肖宇轩主任等专家的指导下，设计理念体现儿童立场，关注学生年龄、心理认知特点；教学过程师生互动、生生互动、生本互动自然灵动；教学方式充满了趣味性、游戏性和参与性，实现了幼小课堂的科学衔接。

（四）作业提质，减负担增效度

将作业设计纳入学校教研体系，管理体系。依照"一看二研三精"的模式，力求"作业不出校，书包不回家，质量不下降"。

1. 一看

从育人角度看作业设计。小作业，大布局。依据探索性、实践性、个性化、轻量化原则，调整完善作业体系，明确作业目标，规范作业管理。

2. 两研

（1）研作业内容

规划单元作业。以"精炼习题"形式呈现，明确出题人、复核人、终审人主体责任。预计用时和实际用时促进学生的时间管理和完成作业的专注度。"精炼习题"由集体备课主备人结合单元目标，自主选题、组题、研题、创题，形成单元作业初稿；学科组教师研讨，甄选、修改、重组作业内容；主备人修改二稿后发给组内学科青年教师试做习题，预估完成时间，研判作业的适切性。由教学主任审核签字，印刷下发。每套习题中都有1—2道星号题供学生选择性完成。

（2）研作业形式

作业内容的多元呈现。如"写"的作业，"说"的作业，"玩"的作业，"问"的作业，"用"的作业。"写"巩固基础型；"说"表达积累型；"玩"交流活动型；"问"方法探索型；"用"分析评价型。

3. 三精

（1）精控作业总量

实施"双协调""日公示""周报备""作业预警"四项制度，将作业量控制纳入学校常规管理。备课组长依单元作业内容及预估用时报备给年级主任，年级主任根据各科作业用时进行统筹，超时预警后，协调作业容量；作业公示到班级管理之窗后，班主任进行二次协调，在遵循学年共性作业"精炼习题"基础上，为本班孩子设计丰富、合理、高效的个性作业。

（2）精研作业批改

作业要求有布置必批阅，有批阅必反馈，有反馈必检查，有困难必辅导。"三色笔"批改成为特色：学生黑色笔写，师生用红色笔批与改，教师再用绿色笔二次批阅。二次批改，落实到点对点诊断辅导。精细批阅与精改错题保证了批与改的有效性。

（3）精评作业结果

基础性"精炼作业"以等级来评价；完成用时、完成质量，精改错题实现过程性评价。而无纸笔情景化测试考核了学生学科素养的整体发展情况。个性化作业评价思考力、积累量、动手操作能力以及作业成果表现力。

（五）课后服务提质，习知识强能力

"1+1+X"三段式课后服务课程实施模式成为"双减"政策落地的助推器。"1+1"是指静态看护和体育锻炼两项基础服务；"X"指多元化社团课程和特色活动项目。每天的课后服务时间划分为"534"管理模式，即50分钟作业辅导+30分钟户外锻炼+40分钟特色课程。

1. 一段"1"——50分钟静悄悄

每天的作业辅导时间由多科教师轮流看护，老师全批全改、查缺补漏、面对面辅导。"固本+培优"的人性化、精细化指导，发挥了"双减"政策下作业管理与评价的有效性，实现了"书包不回家"的目标。

2. 二段"1"——30分钟动起来

学校自编自创文明礼仪操、强体武术操、能量唤醒操等与赫行动力跑操交替进行，"一班一品"特色体育项目，更增加了学生户外活动的多样性和趣味性。这种集体锻炼的形式，切实增强了课后服务的吸引力，让学生"动"起来，校园"活"起来。

3. 三段"X"——40分钟提技能

学校构建了"一核三翼"社团课程体系。"一核"是指以一个学校总课程体系为核心；"三翼"是指三类系列课程，即艺体技能校级课程、学科拓展年级课程、德育系列班级课程。

艺体技能校级课程共开设运动类、艺术类、科创类、心灵成长类等156个特色社团，兴趣+特长打通学生个性发展的通道。学科拓展年级社团课程推出语言表演类、思维拓展类等10余种课程菜单，供学生跨班式自主选课。

德育系列课程持续开展家长大讲堂即"小眼睛看世界"，主要依托家长资源，以班级为单位，让孩子收获课本外的知识。

三级课程相互衔接、相得益彰，促进了学生全面发展与个性发展。

二、校外家校协同，为成长助攻赋能

向外汇聚家庭教育正能量，向家长群体借力、借智、借道，携手为孩子们的成长助攻赋能。

（一）成立家庭教育讲师团

由我校市区家庭教育讲师团成员、优秀班主任、优秀家长构成，通过问卷调查等方式汇总家长在"双减"政策下所面临的困惑与焦虑。

（二）"四级"大讲堂，打造家校合作新样态

"校长大讲堂"，从学校育人理念、"双减"政策的解读及学校采取的相关举措与家长进行交流。"教师大讲堂"，班主任向家长介绍学校"双减"后课堂改革及作业减量提质情况，使家长明确如何指导孩子合理用好在家时间，实现孩子健康快乐全面成长。"家长大讲堂"，分享"双减"落地后家长在陪伴孩子成长路上的经验及做法。"专家大讲堂"，由我校市家庭教育讲师团成员宋振才校长、冯丽亚主任为新生家长进行主题为"会爱才是真爱"的8期主题培训。本学期线上培训已进行了三期。"四级大讲堂"，使家长认识到："双减"不减父母的担当，不减习惯的培养，不减陪伴的质量，更不减家校的配合。

"双减"工作任重而道远，作为实施主体的学校必将回归和践行我们的初心与使命，为构建高质量的作业体系，实现减负增效，促进学生的全面发展、健康成长贡献我们的力量！

在学生的作业里，我们"看到"了什么

东北师范大学附属小学　艾庆华

2021 年 4 月，教育部办公厅发布了《关于加强义务教育学校作业管理的通知》（以下简称《通知》），2021 年 7 月，中共中央办公厅和国务院办公厅联合印发《关于进一步减轻义务教育阶段学生作业负担和校外培训负担的意见》（以下简称《意见》），2021 年 11 月，长春市基础教育研究中心开展长春市小学作业设计与评价改进典型案例评选活动，让我们看到，大家正在形成合力努力减轻学生的作业负担。学校更要切实发挥好作业育人功能，创新作业类型方式，布置科学合理有效的作业。在学生的作业里，我们不想看到作业功能被异化为追求"分数"的策略、变相"惩罚"学生的手段、转嫁课堂教学压力的路径，也不想看到因为过于关注对知识和技能的巩固练习，过于追求基础知识的精熟度，使学生的发展局限于知识和技能层面，使得作业功能被窄化和矮化。

一、在学生的作业里，我们应"看到"什么

（一）结合国家出台的《通知》《意见》，我们应看到作业的"转型"

2021 年 4 月 12 日，教育部办公厅发布了《关于加强义务教育学校作业管理的通知》，围绕"把握功能、严控总量、提高质量、强化管理"四个方面，提出十条措施。结合通知的主要内容，我们比对出在作业管理、设计和评价方面需要改进和完善的方面，因此，在学生的作业中，我们想看到：我们重新认识了课外作业的性质，准确把握了作业的育人功能，改变了布置作业的思维方式，正在努力寻求作业的转型策略，传统作业过于重视知识技能的被动训练倾向得以改变。作业设计体现出基础性、针对性、发展性，能够切实

帮助学生巩固知识、形成能力、养成习惯、提升素养，帮助教师检测教学效果、精准分析学情、改进教学方法。

（二）结合学校当下的课堂教学改革，我们应看到校本化的"作业像"

《通知》中要求，学校要将作业设计作为校本教研重点。作业和课堂教学都是教学过程链锁式结构的重要环节，它们互为联系，互为补充，在学校课堂教学改革的背景下，课程内容的实施必将带动作业内容、作业类型和方式的改变，学校聚焦的教育教学研究主题，一定会催生富有校本特色的作业样貌，不同的学校一定会有不同的"作业像"。我校自2016年3月至今，持续深化以"有根源、有过程、有个性"为特征的率性教学实践研究，围绕"三有"，突出三个"强调"：强调教师要关注知识线索的根源、教学方法的根源、教学对象的根源；强调尊重学生的个性，少搞一刀切，关注学生在学习兴趣、学习速度、学习适应性、认知类型等方面的差异；强调有过程的归纳教学，体现学生的学习成长过程。基于此，在学生的作业中，我们想看到思维如何运作，策略如何调整，经验如何整理，知识如何联结，学习历程结束后如何省思，在作业中呈现附小的"学生像"。

（三）结合学生完成作业的心理机制研究，我们应看到"作业素养"的生长

学生是作业的主人，当我们聚焦"有意义的作业""作业的有效性"时，不能仅仅从教师的角度、从知识和技能的角度、从教学方法的角度来考量作业，要研究学生完成作业时的基本心理活动过程，研究学生完成作业的效能感，从学生视角理解和审视作业的功能与特征。因此，在学生的作业中，我们想看到学生是否有积极的作业情感体验，是否能够独立管理自己的作业，包括作业时间规划、作业环境管理、面对困难的作业任务不断尝试和调整策略，是否有尽可能多的认知投入，是否体会到知识的关联和应用。也想看到，在与作业互动的过程中，学生意识到作业和自己的关系，为自己的作业负责，完成作业的同时，也完成态度、习惯以及心理品质的养成。

二、在学生的作业里，我们"看到"了什么

在"双减"背景下，作业是一个重要的教育话题，在学校课程改革背景下，作业是常规教学过程的一部分，和课堂教学一起，发挥改变的力量。因此，学校的课程教学改革持续越久，学校的"作业像"就越鲜明，教师对学校办

学理念理解得越深刻，作业设计的意图就越明确。从评价方面，我校组织各学科不断开发和创新作业类型、作业方式，并倡导在作业评价中强化过程性评价，探索增值性评价，通过评价引导教师关注学生学习进步情况和努力程度的变化，收集有价值的体验性信息，发挥作业育人功能。所以，我们看到，学校的课程教学改革推动了作业改革。

（一）诊断类作业，我们看到了学生多样化的认知背景

作业的功能，不仅发挥在课后巩固课堂知识，也能在课前展现学生多样化的认知观念和"迷思"观点，是教师诊断和促进学生学习的评估手段。为了确定学生在学习新的内容之前已经知道了什么，各学科开发的诊断性作业，为学生提供了展示自己背景知识的机会，教师根据诊断性作业呈现的信息了解学情，启动课程设计。

像语文学科设计的在阅读课之前写"初读的感受"，是写下与教材初次接触后的直感。目的不仅仅是为后面更深入地理解作品做准备，更是为了挖掘、把握学生初次与作品相遇后的直观感受。这种直感单纯、质朴，完全建立在学生现有经验基础之上的率真的感受，应该给予足够的关注、尊重和利用。写"初读感受""再读感受"，是三年级到六年级语文学科阅读课的常规作业，为老师调整教学设计提供了最鲜活的资源。

（二）实践类作业，让我们看到了学生真实的探究

小学生数学问题解决能力的培养不是在重复的、机械的练习中完成的，而是在真实的情境中、探究任务的驱动下，通过亲身探究体验、动手实践来获得的。数学学科在各年级开发了具有探究性、综合性和系统性的实践类作业，使学生亲身体验，感受学习的乐趣；学以致用，在实践作业中培养应用意识；实践创新，培养学生的创新意识。六个年级24个"假期实践作业"已经汇集成资源包。数学"假期实践作业"资源包在内容的设计上重点突出年段的特性：低年段重在体验、感悟，中年段重在关联、融合，高年段重在探究、创造。在结构的设计上重点突出系统性、连贯性，关注平时作业与假期作业之间的联系，年级与年级之间的联系，同时作业的设计融入多个知识点、多个学科的关联，使学生形成网状的知识面。

各学科开发实践类作业，因为实践类作业完成的方式能够调动学生利用所有感官、调动各种经验来学习，将学习内容融入实际生活中，促进学生开

展真实的探究。

（三）分层作业，让我们看到了每个学生在触及自己的目标

中小学作业饱受批评的原因之一是缺乏选择性，忽视学生的个性差异。

学校自 2010 年进行个性化教学改革，直至当下正在进行的率性教学实践探索，工具类学科从未间断基于学生个性差异的分层作业设计。针对显性分层容易给学生"标签化"的问题，我们积累的经验是隐性分层、动态管理，对作业内容进行弹性设计、分层分类优化组合。

对于数学学科和英语学科，有效分层作业的一种做法是，对不同认知难度的题目进行优化组合，减少每位学生的作业题量。这需要教师对作业的难度以及学生的前测结果有清晰的认知。对于语文学科或英语学科，可以设计可选择的分类作业，主要不是根据题目的难易程度进行分层设计，而更多的是看到学生认知偏好、思维方式、学习方式的不同，鼓励他们用适合自己以及自己最擅长的方式来完成作业。比如，复述的作业，尽管教材后的课后题已经给了借助关键句子来复述的支架，但是设计作业的时候，仍然可以再多几类供学生选择：可以借助课后的关键句子复述给家长听；先根据课文内容画连环画，可以是单幅的，也可以是三格、四格连环画，再看着连环画将课文讲给家长听；可以直接在手机上语音复述，复述后，将手机语音转化为文字，感受复述的成就感；也可以直接将课文内容复述给家长听。

（四）跨学科综合性作业，让我们看到了学生学习经验的编织

在促进高水平的思考以及最有意义和持久的学习方面，研究的结果支持以下方式的使用：综合多种学科的课程；在教学中鼓励学生参与社会交往，如开展项目学习、合作学习、跨年龄段教学等。

我们已经开发的跨学科综合性作业，有科学和语文学科融合的"点亮班牌"，科学、美术和语文学科融合的"身体'联络员'"，语文、数学、英语和美术学科融合的"'志'长春"等。这些作业有的完全由学生在假期自主完成，要经历制定规划、实地踏察、对陌生人采访、查阅文献、样稿设计、整理说明、成果发表前的准备等多个环节。

跨学科的学习和作业设计，为学生提供了多样的学习情境，优质的情境容易激发学生的学习兴趣，同时为学生的独立思考、深入探究、合作分享、理解表达，提供更多的通道。

（五）长周期作业，让我们看到了学生的"学力"和"耐力"同时被磨砺

长周期作业的优势在于，由于周期长、流程长，学生与人、物、环境有更多的互动，从而能够观察到更多的现象和变化、记录到更多的信息、展开更深入的探究。在完成长周期作业期间，会伴随多次的阶段成果发表，学生需要提高自主规划意识、目标意识、时间管理意识，这些都是一次性作业和短周期作业不能实现的，更适合"有过程"的学习。

我校开发的长周期作业，突出对学生观察力、思考力、探究力、表达力、坚持力的培养和锻炼。语文学科结合教材内容，在三年级上学期、四年级上学期分别开发了《小蜗牛连续观察日记》《一棵树的连续观察日记》，《小蜗牛连续观察日记》用时一个月，《一棵树的连续观察日记》用时一年，突出关键能力"观察力"的持续训练。数学学科围绕四年级下册的"数据的表示和分析"单元，开发了"栽蒜苗"项目式学习，围绕项目的设计和实施完成作业，近 20 天的观察和对蒜苗成长数据的记录，以及每日的种植经验的交流和总结，学生积累了很多经验。通过对这些真实数据的整理与分析，以及在项目学习成果汇报中恰当的"数据表示方法"的选择，学生对统计意义的理解更加深刻了。

（六）单元作业，让我们看到了学生学习的广度和深度在慢慢展开

相对于长周期作业，单元作业也可以被称为短周期作业。我校的个性化教学改革和率性教学改革，都是以典型单元和课例的开发为载体推进的，在深入实施的过程中，我们明显看到单元作业与单课作业的不同。由于单元本身具有"整体、系统、综合"的特点，教师在单元设计过程中会将单元作业以"学习资源包"的形式进行整体开发和设计。单元作业有相对完整的过程，在内容上强调学习内容和学习过程的联系性和整体性，在方法上注重学习的阶段性和层次性。

（七）亲子类作业，让我们看到了家校交互育人的力量

教育部办公厅发布的《通知》中，把"书面作业、科学探究、体育锻炼、艺术欣赏、社会与劳动实践等不同类型的作业"纳入课外作业的范畴。也就是说，作业，不仅意味着课堂任务的完成，而且关涉与家庭或社区交互的活动，要将学校作业与学生真实的生活联系起来。

"当'警报'响起"——防性侵安全学习，是我校一年级道德与法治学

科的适应月课程内容，一年级适应月课程是我校幼小衔接课程的一部分。课内学习结束后，学生回家与家长要做两件事。第一件是共同商量制定"照顾者名单"，也就是和家长一起确定，可以看、讨论以及触碰自己隐私部位的照顾者，仅限于帮忙洗澡或者当隐私部位受伤时才可以这么做的人；二是制定"我的爱心圈"，确定可以拥抱或者亲吻自己的人。

通过完成作业的方式，将自我保护的知识包裹在不仅有意思而且有意义的活动里，同时也向家长渗透预防性侵教育的重要性和必要性，尽最大可能得到家长的理解与支持，将预防性侵教育推向常态化教育。

（八）合作类作业，让我们看到了学生在磨合与切磋中协同学习

我校自 2004 年开设综合实践活动学科，合作类作业作为课程资源的一部分被整体开发。由综合实践活动学科获得的合作类作业的开发经验，已经被老师们运用到其他学科。衡量标准的人性化，着重的是学生"跳起来"触及目标的努力，看看他们弹跳、舒展的能力如何，鼓励每一点滴的进步。合作类作业的设计，让学生没有争第一的想法，他们要做的是尽自己的努力，在合作学习中感受协同的力量。

三、在学生的作业里，我们更想"看到"什么

（一）我们更想看到"课外作业"确实被重新定义

《通知》将"书面作业、科学探究、体育锻炼、艺术欣赏、社会与劳动实践等不同类型的作业"同时纳入课外作业的范畴，我们更想看到课外作业越来越多地包括了学生生活中那些发生在教室之外的有助于培养身体的、社交的、情感的、智力成长的经验。因此作业存在的形式是丰富的，或是读书、看电影，或是听长者讲故事，或是做调查。事实上，开放的学习资源无处不在，学生的学习早已超越了学校时空的界限，因此作业延伸到学生的校外生活是无法阻挡的趋势。

（二）我们更想看到传统基础类作业的新功能

虽然很多作业类型的创新可以发挥传统书面作业不能发挥的功能，但是传统基础类作业中必要的记忆、背诵、计算等仍然是必要的，只是如何将这些必要的巩固复现练习和学生真实的生活相联结，成为有意义的学习，让学生在完成作业的同时找到内在的规律和乐趣。

（三）我们更想看到以教育评价改革撬动作业改革

以教育评价改革撬动作业改革，促使作业育人功能的回归。教育评价事关教育发展方向，因为有什么样的评价指挥棒，就有什么样的办学导向，进而会有什么样的作业功能，因此我们更想看到过程性评价、增值性评价在作业改革中所发挥的功能。

我们应该可以慢慢地看到，教师的评价理念在不断更新，用多一点的鼓励、多一点的宽容、多一点的耐心，陪伴学生从容地打好小学学习的根基。

减负增效，做好作业加减法

吉林省第二实验学校　孙成群

作业在为学生提供课后练习机会、提高教育效能的同时，也带来一定的学业负担。2021 年 7 月，中共中央办公厅、国务院办公厅正式印发《关于进一步减轻义务教育阶段学生作业负担和校外培训负担的意见》，在提出"全面压减作业总量和时长，减轻学生学业负担"之外，还强调"根据学生特点科学、精准地布置作业，大力提升教育教学质量"。为了减轻学生负担，有效减负需明确和平衡减负与增效的双重要求。作业减负增效的关键是科学控制作业量，减去额外负担，并通过提升作业有效性达到增效的目标。对于学校教学而言，统筹管理作业，科学设计作业结构，减少作业总量；同时，提升课堂教育教学质量，增加学生获取知识的学习机会，提升学习兴趣，从而有效实现减负增效。

一、依据课标要求和素养目标，合理设计作业内容

作业在《辞海》中的解释是：为完成生产、学习等方面的既定任务而进行的活动。《教育大辞典》补充：把完成学习任务的作业分为课堂作业和课外作业两大类。课堂作业是教师在上课时布置学生当堂进行检测的各种练习；课外作业是学生在课外时间独立进行的用以检测是否学会了课上知识的学习活动。其实，无论是当堂检测的练习，还是课外独立的训练，都是课堂教学的延伸，都应紧紧围绕课堂教学目标展开，离开课堂教学目标的作业就应视为负担，课堂教学目标之内的机械的、重复的作业也应视为负担，都必须减掉。

例如，数学五年级上册"公顷、平方千米"一课，学习目标是认识较大的面积单位，建立空间观念，应用较大面积解决生活中的实际问题。先前，

我们布置的课外作业主要集中在这样类型的题："一个学校的占地面积大约3（　　　）（填单位）；15平方千米＝（　　　）公顷"等。虽在学习目标以内，但它存在机械、重复现象，这应是作业改革的重点。

四年级语文《爬天都峰》一课，学习目标是"学习作者按什么顺序来写？如何写清楚过程中看到的、听到的、想到的？"根本上是聚焦思维的培养与提升。有的老师布置过这样的课外作业：搜集天都峰的图片，写一段话来描写天都峰的险峻奇。现在反思，因为课堂教学素养目标不是指向学生的审美与鉴赏，这样的作业就离开课堂教学目标很远，就是额外的负担。

再如，三年级语文习作课《这儿真美》，目标为"围绕着一个意思写"。教师布置了作业，周末请家长带着孩子郊游一次，然后要求孩子写200字的游记，也是额外的负担。因为课堂目标是理解核心意思，能用一段话表达核心意思即可，没有必要有开头、有结尾，这些都应作为负担减掉。

增效是减负的根本目的，如何才能在达到增效目的的前提下实现有效减负是一个亟待研究的问题。控量与提质是实现这一目标的可能路径。要提高作业质效，首先应做到精准对标，合理设计作业内容，笔者总结出"四减四加"的实践做法。

（一）减少数量，增加层级

增加层级，并不是表面上的分层，把题目分出等级，基础过关题，挑战拔高题。而是根据知识目标（什么是）、技能（力）目标（怎么做）、素养目标（怎么用），设计具有三维层级的题目，让所有的孩子有相同机会的训练，但有不同层次的培养和提升。比如，前面举过的例子，数学五年级上册"公顷、平方千米"一课，就可以这样来设计作业。经过研讨反思，我们也意识到，前面那些机械的、重复的单位换算的作业应该改革，一不能激发学数学用数学的兴趣，二不能对较大面积单位形成直观认识，三不能用较大面积单位解决生活中的问题。

但如果利用实践作业解决这些问题，如周末步量小区、公园面积，拖的时间太久，不利于短时记忆。课时作业就必须当天巩固，于是我们研究出可以按照知识目标、技能（力）目标、素养目标三个层级设计这样的作业：

1.（知识层级：求面积）测量自己卧室天棚的面积。

2.（技能层级：空间想象）躺在床上，眼睛盯着天棚，想象一公顷可以近似由多少个天棚平铺过去？

3.（素养层级：实际应用）目视窗外，自己规划一个范围，标明街路、方位，使得这个范围接近一公顷。

一道作业，三个层级，达到减少数量，增加层级的目的。

（二）减少重复，增加方法

课上练的，课外少练；不必要的，减少训练；减少无目的训练，增加方法性总结。什么是不必要的？比如口算本作业，每天一页，20 道，限时。那就不必要，就是负担，要减掉。算这 20 道，不如让孩子写一道：请用两种以上的方法计算"11+8= ？"，清楚算理更重要。

例如，三年级语文习作《这儿真美》，布置"写游记"的作业就是没必要的训练。减少无目的训练，增加方法性的总结。我们研究设计这样的作业：阅读短文，回答问题。

1. 知识层级（什么是）：说说短文的核心意思。

2. 技能层级（怎么做）：围绕这个核心意思，选取了什么内容？用几句话串起来表达这个内容？

3. 素养层级（怎么用）：想表达"今儿真冷"，你想选取什么内容来写？试着用三句话来表达。

这样的作业设计，目的就是集中时间针对"围绕一个意思写"这一关键目标，反复练习。

（三）减少模仿，增加变式

上课讲蒸馒头，作业就要练习蒸包子，体现变化，激活学生思维。语文《爬天都峰》这课中，学习目标是"学习作者按什么顺序来写？如何写清楚过程中看到的、听到的、想到的？"聚焦思维的培养与提升。设计作业就不要模仿练习《游净月潭》《爬天定山》等，可以写一写《难忘的一节课》，重点写清楚老师按什么顺序组织这节课的，在这一过程中看到的、听到的、想到的。换一换语言环境，激活学生思维。让作业内容活起来！针对本周、本月、本学期的素养培育目标，设计针对性的学习活动。如果想重点培养学生"几何直观"，就应多设计画图、拼图作业，比如画一个正三角形，并说出画法和判断依据。

（四）减少结果，增加过程

先前的作业布置，还存在一种倾向，就是重结果、轻过程。比如我们经常布置美术、科学等学科的动手实践作业，音乐、英语等学科的动口实践作业，并要求把优秀作业展出、分享。由于过于注重结果，优秀的才能被展出，为了达到这样的目的，家长就闲不住了，得帮孩子做得漂亮点，一遍不行两遍，逼的孩子苦不堪言，家长牢骚满腹。这样只重结果的作业就是负担，应该减掉。

我们都知道爱因斯坦的小板凳，尽管歪歪扭扭，毕竟是亲身经历，过程就是学习，过程就是经验积累，经验的不断积累就形成素养。因此，我们改变展示、分享优秀实践作业的做法，动手做了，动口说了就给予鼓励，孩子们动手实践的勇气有了，通过比较发现不足，信心强了，增进了学懂弄好的欲望。

重结果轻过程的作业设计在数学作业中也比较突出，比如计算，直接写结果的填空题型，四选一的选择题型等，改进后可以再补充这样的内容：请简要说明你的算法，请说说你的选择理由，尽可能地暴露学生的思维过程。

二、依据儿童认知规律，认真设计作业形式

作业形式从内容和完成时限上可以分为课堂作业、课时作业、单元作业，从完成形式上可以分为纸笔作业、口头作业、实践作业。依据儿童认知规律，多种作业形式可以组合式灵活使用。

（一）课堂作业充分利用课堂时间

课堂作业是针对学生短时记忆设计的。随堂进行，即时训练。课堂必须做到目标明确，精讲多练，一课一得，点燃和激活。课堂作业的知识呈现做到由浅入深地分层设计。比如，前面的例子，习作《这儿真美》，就可以从旧知识牵引出新知识，激发学生学习的自信心与内驱力。学生可以通过"小导游"或"小主人"的身份，进行实景推荐，感受对"这儿"的解读。这是浅层次知识呈现，然后逐层递进，通过交流讨论核心意思表达是否清楚，如何调整才能做到精准表达。这样设计课堂作业训练，就能达到激活学生内驱力的作用。

课堂作业的问题驱动由易到难地分层设计。简单的问题，随机提问答；较复杂的问题，小组讨论后回答；未知答案的探究性问题，给出建议、方法，延伸至课外，也就形成了项目式学习的实践作业。

（二）课时作业充分利用课余时间

课时作业是针对课堂学习内容需延伸到课外继续训练方能得到巩固，形成记忆和技能而设计的。如何做到既巩固知识，又减轻学生回到家里的课业负担，我们在教室、走廊设计知识大擂台，充分利用课间、课后服务时间让作业活起来，让学习乐起来。我们千方百计让完成作业的形式活起来。课后服务时间在班级设计"独立完成区""合作讨论完成区""老师指导完成区"，让学生根据自己的情况，选择不同区域就座完成作业。

（三）单元作业充分利用学科活动时间

单元作业是为了帮助孩子建立知识系统设计的作业。我校组织了五届"读写·数理"素养大赛，以培育素养为目标，贴近学生生活，以大单元知识解决问题为背景设计作业题目，比如创意设计题，学生的创意无限，且乐此不疲。

利用学科讲堂，帮助学生梳理知识体系，建立知识结构。比如，6年级课本知识完成之后，数学备课组做了周密细致的大单元备课，以数学核心素养为线索，规划设计了系列大单元作业。

数学核心素养 和关键词	作业内容
数学抽象 与推理（数感）	1.数的认识、分类及相互间的简单转化
	2.数的比较大小（整数、分数、小数、百分数）
	3.数学运算——数的混合运算及运算律
	4.数学运算——简算、估算、算理探究和说明
数学抽象 与模型（符号意识）	1.量的计算与统一
	2.探索简单情境下的规律探索
	3.用字母表示数（法则、公式）
	4.方程思想——算术方法和方程思想

我们还引领孩子利用自习课、课后服务时间绘制思维导图，完成大单元作业，以形成知识网络，帮助孩子形成知识体系。

三、依据儿童心理特点，科学设计作业评价

有作业就要有批改，有批改就要有讲评。以往的作业虽然都是全批全改，但到学生那里仿佛石沉大海，悄无声息，很少得到反馈，错的问题是否得到纠正，改过的问题是否得到巩固都很少顾及。要提高作业质效，作业评价是催化剂。

（一）针对前面我们设计的三维目标作业，作业评价采取三维五星评价

例如，"公顷、平方千米"的课时作业设计：

【数学课时作业】时间：2021 年 11 月 15 日

今天，我们学习了较大面积单位——公顷，你学会了吗？试着解决下面的问题吧！争取五颗星哟。

（1）测量一下自己卧室天棚的面积。答：（　　　　　　）。

知识目标评价：☆☆☆☆☆

（2）躺在床上，眼睛盯着天棚，想象一公顷可以近似由多少个天棚平铺过去？答：（　　　　　　）。

能力目标评价：☆☆☆☆☆

（3）目视窗外，自己规划一个范围，标明街路、方位，使得这个范围接近一公顷。答：（　　　　　　）。

素养目标评价：☆☆☆☆☆

评价：1. 如果学生根据测量，计算准确，就给五颗星；计算有误差，就给四颗星。

2. 根据学生的估计结果，和实际比较接近，说明学生具有一定的空间想象能力，给出五星评价，略有差距，就给四星评价。

3. 学生给出的方位准确，范围适当，能应用数学语言准确描述，就给出五星评价。评价以激励为主，能写出即给一颗五角星。

（二）课堂作业分层次评价

对于学有困难的学生，进行激励性评价；对于学有余力的学生，进行挑战式评价；对于处于中游的学生，提出建设性评价，为他们指引成长的方向。

（三）改进激励性评语

以往老师常用的画笑脸，大拇哥，写"你真棒"等激励性评语，时间久了，学生也是不以为然。怎样提高学生自主修改的自觉性，养成自主学习习惯？

我们尝试使用谜语式评语。谜语式评语不只在错的地方画个叉就完了，而要设计谜语，调动学生积极开展查错纠错。如：此题有错误，请检查第二到第五步，把错误找出来，并尝试改正；此段文字有两个错别字，请找出来并改正等。

四、依靠集体备课，凝聚集体智慧，优化作业加减法

要提高作业质效，归根结底，还在课堂。课堂不高效，作业减不掉。因此，精准备课是法宝。学生做减法，老师就要做加法。我们做了备课四大改进。

（一）备课时间要足

用2节课的时间备一节课。其中，作业设计成为备课的重头戏，基本上用一节课时间备上课，用一节课时间备作业，保证作业精简，优质高效。

（二）备课目标要准

精准的目标是核心。一是要精准瞄定学习目标，减少不必要的耗损。如同学习打篮球，并不是一味地做投篮练习就行。如果一直投，很快会达到一个瓶颈期，水平就是不见长。如何突破瓶颈？有经验的教练会让学生好好反思投篮动作。学习上要有精进，并非一味强制地做作业，而是讲究精准瞄靶。比如，前面的例子《爬天都峰》，因为目标不准，有的老师认为："为什么课文中却不曾写到天都峰的美景？"于是，在教学时补充大量关于天都峰美景的图片、文字。这就是"负担"，增加了不该增加的审美与鉴赏——干扰了目标的达成，增加了认知负荷。二是要精准确定必要练习，确保学习过程完整。没有充分的练习，基础知识、基本技能也就无法习得，培养学科素养更是无从谈起。而练习带来的"负担"感又是真切的。破解的关键在于"必要"二字。所以备课中反复商讨哪些是"必要"练习，哪些不"必要"，需减掉。

（三）备课要实

从准备的备到背诵的背。为了实现课堂高效，必须做到内容熟练，因此，能背下来的绝不简单准备而已。

（四）整合备课

在做好教材单元设计的基础上，在广义的单元概念——知识系统、大问题上下功夫，研究知识间的联系，形成整合，不断积累统整课案例。目前，我们已经形成学科内、多学科统整课课例16节，极大地拓宽了学生的知识面，引发了学生的学习兴趣。

　　作为教育的主阵地，学校是提升教育质量、落实提质增效路径的主体。将作业设计纳入日常教研活动，对项目式和综合式的作业进行深入探索，提高教师运用作业促进有效教学的能力；避免"流水线"作业，设计多样化的作业内容，如社会调查、实际问题解决等实践性、趣味性、创新性的作业，调动学生参与作业的主动性和积极性，强化学生的自主意识。提高作业有效性，使得学生能够在课后的常规作业中花费更少的时间达到教育目标，并将更多精力转向更具挑战性或更感兴趣的活动中，以实现全面、个性化发展。

优化作业管理，夯实"双减"成果

——长春市绿园区实验学校（小学部）作业减负工作汇报

长春市绿园区实验学校　蔡英奎

为进一步落实"双减"政策，规范义务教育阶段学生作业管理，按照上级领导部门关于减轻学生作业负担的工作要求，绿园区实验学校持续优化作业减负管理，提升学生学科素养，激发学生学习兴趣，促进学生的全面发展。

一、基本情况

学校通过构建"思想同频、目标同向、措施同步、成效同享"四同工作模式，促进作业减负工作扎实开展。思想同频，规范发展。加强学区引领，结合各校实际，依据《长春市绿园区关于加强义务教育阶段学校作业管理的实施办法》，制定《长春市绿园区实验学校作业管理实施方案》，对各年组学生作业管理进行了整体规划，统一思想，凝聚共识。目标同向，挖掘特色。突出减负主题，彰显各年组特色，采取"独立式""联合式"等不同方式，在内容和载体上寻找与挖掘特色的结合点。措施同步，有效覆盖。出台了《作业统筹管理制度》《作业校内公示制度》《学困生帮扶制度》等，为学校作业管理工作的高效开展提供了有力保障。开展了"绿园杯"课标大赛、分层作业设计大赛、优秀作业展、读书节等师生活动，切实做好作业减负工作。成效同享，多元提升。以学年组为平台，全面推广年组、学科特色经验，加强培训、拓宽渠道，整体提升教师专业能力，进一步夯实"双减"成果。

二、主要做法

（一）深入调研，了解需求

通过问卷调查、学生访谈、教师交流等方式，深入了解学生的学习情况、兴趣爱好以及作业需求。同时，也收集了教师在作业设计和批改过程中遇到的问题和建议，为后续的作业设计工作提供了重要依据。

（二）制定原则，明确方向

根据调研结果，我们制定了小学作业设计的基本原则：

1. 科学性原则。作业内容要符合课程标准和学生的认知水平，注重知识的系统性和连贯性。

2. 趣味性原则。设计形式多样、富有创意的作业，激发学生的学习兴趣。

3. 分层性原则。根据学生的学习能力和水平，设计不同难度的作业，满足不同层次学生的需求。

4. 实践性原则。增加实践作业的比例，培养学生的动手能力和创新精神。

（三）创新设计，丰富形式

严格遵循"分层＋弹性"的要求，针对学生不同的学习水平设计梯度不同的作业，由易到难，层层递进，做到基础类、提高类、拓展类分层设置，以满足学生个性化需求，引导学生向探究性学习、自主性学习发展。

1. 基础巩固型作业。基础作业保根本，分层作业显个性，作业设计实行"1+3"模式，注重多元性、趣味性和分层性，以年组为单位，以星期为周期，设计年组基础作业单，基础作业重视孩子基础知识的练习，以练习册、课本上的课后习题为主。

2. 拓展提升型作业。培优作业主要以拔高题为主，例如语文阅读、小练笔，数学素养提升等，通过这样的分层作业，学生可以开发自我的更多可能，自主选择，在自我效能的达成中收获自身的进步。

3. 特色综合型作业。特色作业的布置着重体现不同年段的学习特点。一、二年级不留书面作业，老师就牢牢抓住课堂，给孩子足够的展示空间，让学生各种有趣的游戏中掌握新知识。中年段教师重视学生学习习惯的养成，抓住预习这一重要环节，鼓励学生大胆质疑，从而提升学生自主学习能力，改善学生的课堂学习效果，激发学生的创造性和实践性。高年段教师注重学生学习能力的培养，教师重视学生知识的梳理，通过思维导图，提升学生归纳、总结的能力；或请学生设计知识小报，从内容到版式，全部由学生自行完成，考验学生的综合能力，全面提升学生的学科素养。

（四）严格把控，确保质量

1. 控制作业总量。严格按照国家规定的作业时间要求，合理控制各学科作业量，确保学生有足够的时间进行休息和课外活动。

2. 认真批改作业。教师及时、认真地批改学生的作业，注重反馈的针对性和有效性，帮助学生发现问题、解决问题。

3. 定期检查评估。学校定期对教师的作业设计和批改情况进行检查评估，及时发现问题并进行整改，确保作业质量。

三、工作成效

（一）学生方面

1. 学生的学习兴趣明显提高。多样化的作业形式让学生不再觉得作业枯燥乏味，而是充满了挑战和乐趣。

2. 学生的学习成绩稳步提升。科学合理的作业设计帮助学生更好地掌握了知识和技能，提高了学习效率。

3. 学生的综合素养得到了有效培养。综合实践型作业和个性化作业让学生在实践中锻炼了自己的能力，培养了创新精神和团队合作意识。

（二）教师方面

1. 教师的作业设计能力不断提高。通过参与作业设计工作，教师们更加深入地了解了课程标准和学生需求，掌握了更多的作业设计方法和技巧。首届"悦动杯"教师设计大赛中有近 30 人获奖。

2. 教师的教学观念得到了更新。作业设计工作促使教师更加注重学生的主体地位，关注学生的个性差异和全面发展。

四、存在问题及改进措施

（一）存在问题

1. 部分教师对分层作业的设计还不够精准，难以满足不同层次学生的需求。

2. 实践作业的实施过程中，存在安全隐患和组织难度较大的问题。

3. 作业评价方式还不够多元化，难以全面、客观地评价学生的学习成果。

（二）改进措施

1. 加强教师培训，提高教师对分层作业设计的认识和能力，通过案例分析、经验交流等方式，帮助教师更好地把握学生的学习水平和需求。

2. 加强对实践作业的安全管理和组织指导，制定详细的安全预案和操作规范，确保实践作业的顺利开展。

3. 探索多元化的作业评价方式，如学生自评、互评、家长评价等，充分发挥评价的激励和导向作用。

总之，作业"减负"工作是一项长期而艰巨的任务。我们将继续努力，不断探索创新，提高作业设计质量，为学生的全面发展和健康成长贡献我们的力量。